L 27/n
24251

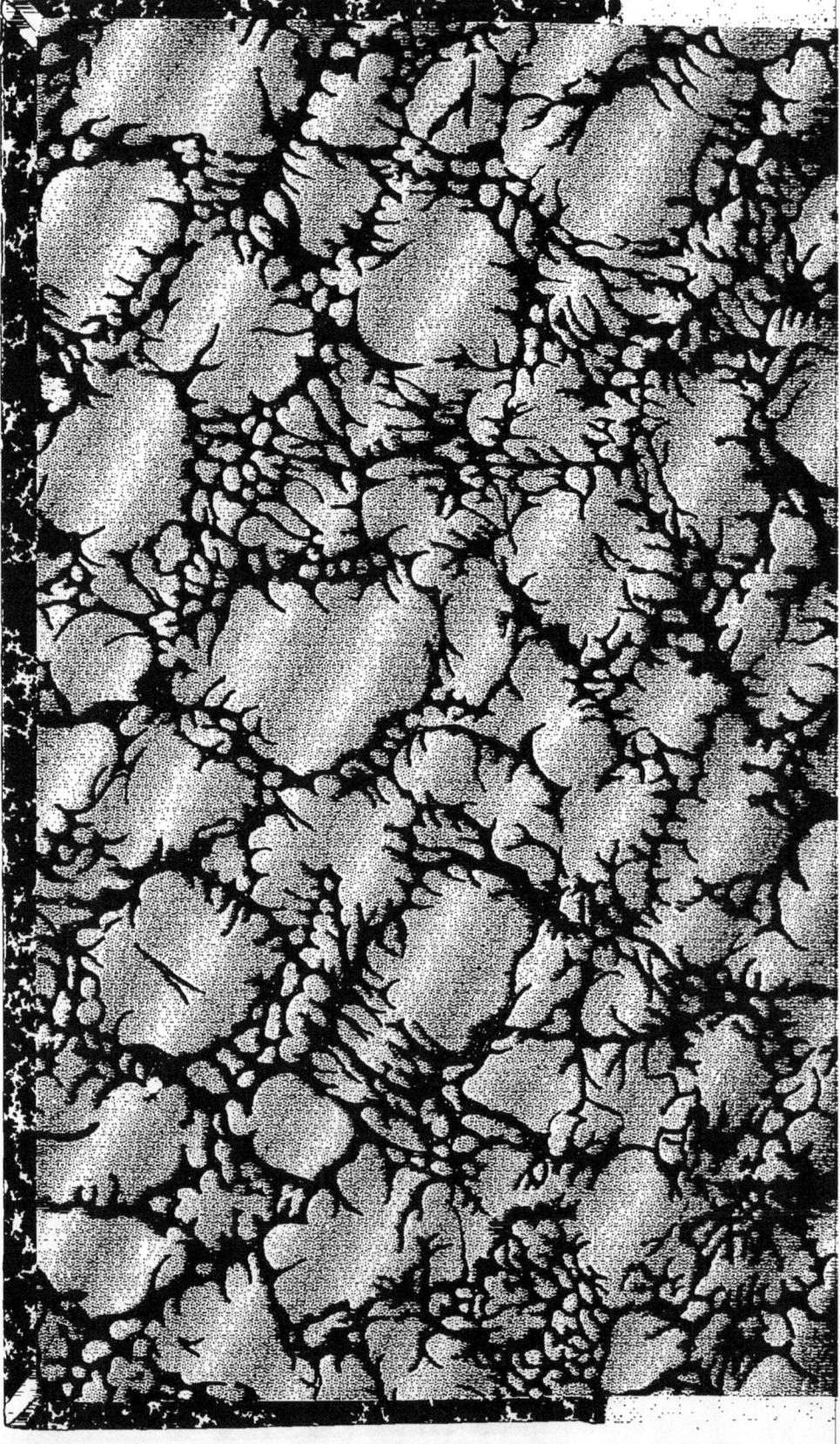

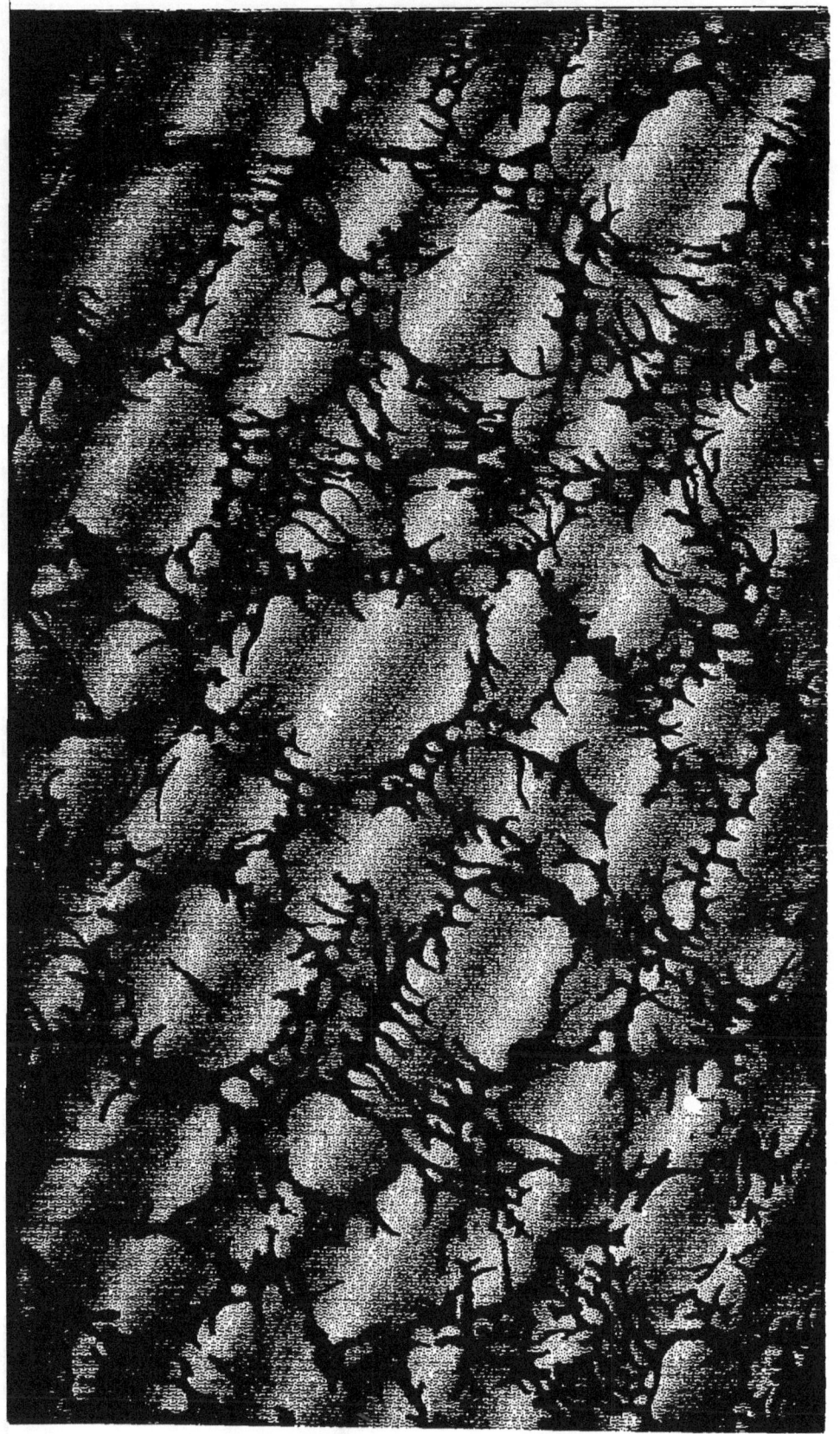

STEMPFER-REL.

VIE
DE
SAINTE COLETTE

RÉFORMATRICE DES TROIS ORDRES DE SAINT FRANÇOIS ;
ET PATRONNE DE LA VILLE DE CORBIE

Par l'abbé Ed. JUMEL de Corbie,
CURÉ DE BOURDON,

Membre de la Société des Antiquaires de Picardie.

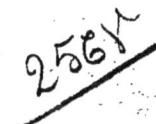

PARIS   ✠   LEIPZIG
P. M. LAROCHE, LIBRAIRE-GÉRANT, | L. A. KITTLER, COMMISSIONNAIRE
Rue Bonaparte, 66,   **Querstrasse, 34.**

H. CASTERMAN
TOURNAI

VIE
DE
SAINTE COLETTE.

VIE
DE
SAINTE COLETTE

RÉFORMATRICE DES TROIS ORDRES DE SAINT FRANÇOIS ;
ET PATRONNE DE LA VILLE DE CORBIE

Par l'abbé Ed. JUMEL de Corbie,
CURÉ DE BOURDON,

Membre de la Société des Antiquaires de Picardie.

PARIS | LEIPZIG
F.-N. LAROCHE, LIBRAIRE-GÉRANT, | L. A. KITTLER, COMMISSIONNAIRE
Rue Bonaparte, 66, | Querstrasse, 34.

H. CASTERMAN
TOURNAI.
1868

Tous droits réservés

PRÉFACE.

Le but que nous nous proposons en publiant la vie de sainte Colette, réformatrice des trois ordres de Saint-François et Patronne de la ville de Corbie, est de faire connaître les merveilles de puissance, de sagesse et de bonté que le Seigneur s'est plu à répandre en cette fidèle servante. Car, s'il est vrai que Dieu se révèle dans toutes ses œuvres, que les cieux par leur éclat racontent sa gloire ; que la terre par sa fécondité manifeste sa bonté ; que les mers par leur étendue retracent son immensité ; que tous les éléments par leur harmonie révèlent sa providence ; que tous les êtres par leur existence démontrent sa puissance, il n'est pas moins certain que tous les saints reflètent à la fois tous les attributs de Dieu, et qu'ainsi ils nous donnent la plus haute idée des perfections divines. Ce sont, en effet, comme des images, des copies vivantes de la Divinité ; ou bien, pour nous servir du langage de saint Basile, chaque saint est comme un

Dieu, non pas, par la perfection de sa nature, qui ne diffère en rien de celle des autres mortels ; mais par le bienfait de la grâce, qui déifie, en quelque sorte, leur âme.

Nous voulons ensuite donner aux fidèles un puissant moyen, pour les faire avancer dans le chemin de la vertu et de la perfection, en mettant sous leurs yeux ces beaux exemples d'humilité, de charité, d'abnégation, de force chrétienne, que la sainte de Corbie a fait briller dans toute sa vie ; et en montrant par quelles voies mystérieuses Dieu l'a conduite à travers ce monde jusqu'au sein de la gloire éternelle.

Il est impossible, après avoir lu la vie si admirable, si merveilleuse de sainte Colette, de ne pas se sentir porté à aimer Dieu, à le servir ; de ne pas s'abandonner aux soins de sa Providence toute maternelle. La vie de sainte Colette est comme un parfum délicieux qui embaume ou comme un aimant puissant qui attire irrésistiblement.

C'est pour atteindre plus sûrement notre but, que, nous adressant à la classe la plus nombreuse des chrétiens, c'est-à-dire au peuple, nous avons restreint le cadre de cette Vie, et que nous avons condensé, en un seul volume, les matériaux si riches, si abondants que nous avions entre les mains ; laissant à d'autres le soin d'écrire une vie plus savante, et le mérite de collationner les pièces justificatives pour les érudits.

Nous avons ensuite évité toute recherche et toute affectation dans le style, persuadé, avec un grand écrivain, que la simplicité, la vérité, la gravité sont les plus beaux ornements de la vie des saints; et que l'auteur qui se préoccupe de toute autre chose que du saint et de la sainteté; qui pose perpétuellement dans la froideur, l'étroitesse et la déclamation d'un écrit compassé, ou dans la vanité des phrases alignées avec symétrie, altère la figure du Saint et inspire au lecteur de la répulsion pour son livre.

C'est donc avec confiance que nous offrons au public cette édition populaire de la vie de sainte Colette, parce que nous n'y avons rien omis de ce qui peut jeter un jour sur sa mission providentielle, ses miracles et ses vertus; ensuite parce que nous avons puisé aux sources les plus pures. Ce n'est qu'après avoir compulsé avec grand soin les chroniques de Marc de Lisbonne, les dépositions des religieuses contemporaines de la Sainte, les relations des Frères-Mineurs, les mémoires de Besançon, la légende de Gand, celle du cardinal Bona; après avoir parcouru les vies de la Sainte écrites par Michel Notel, Etienne Juliaque, Surius, Lipelloo, le chartreux, Pierre de Vaux, Jacques Fodéré, J. Clithou, le docteur Molanus, le R. P. Gonzague, le R. P. Séraphin d'Abbeville, les Bollandistes, l'abbé de Saint-Laurent et le P. Sellier, que nous nous sommes mis courageusement à l'œuvre, guidé par le seul désir de contribuer, selon le bon plaisir de Dieu, à la glorification de la sainte Réformatrice, à la propagation de son culte et au bien spirituel des chrétiens.

Nous ajouterons, en terminant, que cette vie de sainte Colette arrive bien en son temps; car la plupart des vies anciennes de notre Sainte sont incomplètes, rapportent les faits sans aucun ordre chronologique, sont écrites en vieux style; de plus, ces vies sont devenues tellement rares, qu'on peut à peine s'en procurer quelques exemplaires. Quant à la vie en deux volumes, écrite par le P. Sellier, dans laquelle nous avons pris des renseignements précieux, elle s'adresse, comme on le sait, plus aux érudits qu'aux simples fidèles. Il serait, du reste, d'autant plus difficile à ceux-ci de se la procurer que l'édition en est complètement épuisée.

Nous espérons que Dieu bénira notre travail, quelque modeste qu'il soit; et que cette fleur, qu'un enfant de Corbie a voulu ajouter à la couronne immortelle qui brille sur le front de sainte Colette, sera accueillie favorablement de tous les fidèles, et principalement de ceux qui ont le bonheur de fouler aux pieds la terre qu'elle a sanctifiée par ses vertus.

VIE
DE
SAINTE COLETTE.

PREMIÈRE PARTIE.[1]

VIE PRIVÉE.

CHAPITRE I.

NAISSANCE DE SAINTE COLETTE (1380).

Il y avait deux ans que le Pape Urbain VI gouvernait la nacelle de Saint-Pierre ; Charles VI dit le Bien-aimé, venait de monter sur le trône de France ; sainte Catherine de Sienne rendait sa belle âme à Dieu, et saint Bernardin de Sienne prenait naissance, lorsque Dieu envoya au monde un astre brillant qui devait dissiper par ses lumières et ses vertus, les ténèbres d'un malheureux siècle, et mettre fin au schisme qui désolait la sainte Église catholique.

Ce fut en l'année 1380, vers la fin du XIVᵉ siècle,

---

[1] Cette Première Partie comprend l'espace de 26 ans, et s'étend depuis la Naissance de sainte Colette, jusqu'à sa sortie de l'ermitage.

que naquit cette créature bénie du Ciel. Alors à Corbie[1], ville de Picardie, située sur la rive droite de la Somme, et célèbre par son monastère des Bénédictins, fondé par sainte Bathilde, reine de France, vers le milieu du VIIe siècle, vivaient dans une chaumière jadis bien modeste, deux honnêtes et vertueux chrétiens, Robert Boellet et Marguerite Moyon, mariés ensemble depuis longtemps. La charité les unissait, le travail faisait leur occupation, et la religion leur consolation. Ces deux chrétiens retraçaient dans leur conduite les sentiments, la foi, la charité et les vertus des premiers âges du Christianisme. Quoique d'une condition très-obscure, bien que la fortune ne leur eût pas prodigué ses faveurs, puisque Robert Boellet était charpentier, et que la nature se fût montrée jusqu'alors ingrate envers eux en leur refusant des enfants, cependant, ils vivaient aussi contents que des princes dans leurs palais, aussi heureux que les mieux partagés du côté de la fortune et des enfants. C'est qu'ils avaient

---

(1) Quelques auteurs prétendent que Corbie tire son nom d'un vaillant capitaine des Beauvaisiens, appelé Corbeus, qui fut tué par Jules-César, au lieu même où fut bâtie la ville de Corbie.

D'autres, comme M. de Valois, disent à bon droit que Corbie doit son nom à une petite rivière nommée autrefois Corbon ou Corbes, et maintenant appelée Encre, qui, en cet endroit, se jette dans la Somme.

Enfin, il en est qui disent que le nom de Corbie a été donné à la ville, parce qu'en ce lieu se réunissaient un grand nombre de corbeaux. — C'est sans doute pour rappeler cette origine que les Bénédictins de Corbie avaient dans leurs armoiries trois corbeaux, environnant la crosse.

mis leur confiance en Dieu, et leur espérance en l'autre vie.

Robert Boellet, d'un caractère naturellement doux et charitable[1], employait en bonnes œuvres tout le temps qu'il ne consacrait pas au travail, et les économies que lui procurait son état de charpentier. Lorsqu'il apprenait que la désunion régnait dans les familles ou que la concorde était rompue entre les voisins, il ne prenait de repos, qu'il n'eût rétabli la paix et l'union par ses bons conseils. Rencontrait-il des pauvres mendiants, ou des malheureuses filles égarées dans les voies de l'iniquité? il se sentait ému de compassion et porté à les soulager dans leurs misères.

Pour cet effet, il avait mis à leur disposition une maison qui leur servait d'asile, et là chaque jour, non content de leur distribuer le pain nécessaire pour la nourriture du corps, il prenait soin de leur âme, en les exhortant à bien servir le bon Dieu, et à quitter le sentier du vice.

Marguerite Moyon son épouse tenait une conduite non moins édifiante[2]. Car, outre qu'elle participait aux bonnes œuvres de son mari, elle donnait dans le pays l'exemple de la plus solide piété, de la plus grande ferveur. Elle s'approchait des sacrements les dimanches et les fêtes, assistait chaque jour au saint sacrifice de la messe, et méditait sans cesse sur la vie et la passion de Notre-Seigneur Jésus-Christ.

---

(1) Etienne Juliaque. Clithou. R. P. Fodéré.
(2) Juliaque, cap. III. Clithou. Michel Notel. R. P. Fodéré.

Tels étaient les parents de notre Sainte. Aussi Dieu, qui ne s'arrête point aux vains dehors dont s'environne toujours la faiblesse humaine, et qui ne se laisse point éblouir par l'éclat des richesses ou des honneurs, avait distingué, entre toutes les autres, cette famille chrétienne ; il avait abaissé sur elle des regards de complaisance. Dans ses desseins providentiels, il avait décidé qu'une tige féconde, qui un jour étendrait ses rameaux puissants sur toute l'Eglise, sortirait de cette souche en apparence stérile. Alors donc, que toute espérance d'avoir des enfants était perdue du côté de la nature, pour ces vertueux chrétiens, puisque Marguerite Moyon mariée en secondes noces à Robert Boellet, touchait à la vieillesse, étant âgée de plus de soixante ans[1], Dieu renouvela, en leur faveur, le prodige qu'il opéra autrefois dans la naissance d'Isaac, l'enfant de promission ; et dans celle de Jean-Baptiste, le précurseur du Messie. Il leur envoya une enfant de bénédiction. Ce fut le 13 Janvier qu'elle vint au monde. Elle reçut à son baptême le nom de Colette, ou petite Nicole, parce que ses parents honoraient particulièrement saint Nicolas, dans lequel ils avaient une grande confiance ; et parce qu'ils voulaient indiquer à leur enfant le culte et l'honneur qu'elle devait rendre à Dieu pendant le cours de sa vie. L'étonnement fut grand dans la ville de Corbie quand on apprit la merveille que Marguerite Moyon avait donné le jour à une enfant. Tous les habitants regardèrent cette

---

(1) Le R. P. Fodéré.

naissance comme un effet de la puissance et de la bonté de Dieu, qui donne à celle qui est stérile la joie de se voir dans sa maison la mère de plusieurs enfants.

CHAPITRE II.

SON ÉDUCATION. — SES VERTUS.

Le premier sentiment de Robert Boellet, quand il vit la faveur extraordinaire que Dieu lui avait accordée, fut de lui rendre de solennelles actions de grâces. La reconnaissance, du reste, qui est un besoin pour les âmes justes et droites, ne pouvait pas se faire attendre dans ce chrétien vertueux. Il savait trop apprécier le don que le Seigneur lui avait fait d'une postérité si inespérée pour ne pas le remercier aussitôt. Mais ce qui, par-dessus tout, remplissait son cœur de la joie la plus vive, c'était la pensée qu'il avait en son pouvoir tous les moyens nécessaires, pour élever son enfant dans la crainte et l'amour de Dieu. Car, il y avait dans la ville de Corbie un monastère de Bénédictins, où on instruisait les enfants, et où ils respiraient le parfum de la piété et de la vertu.

La pieuse Marguerite, de son côté, ne se vit pas plus tôt mère, que comprenant toute l'étendue des devoirs que lui imposait cette qualité, elle s'appliqua sérieusement à les remplir. C'était peu pour elle d'avoir été l'instrument, dont Dieu s'était servi pour engendrer son enfant selon la nature, elle se crut obligée de correspondre à ses vues, en travaillant à la faire naître à la grâce, et à la lui consacrer pour toujours. Avec son lait, elle lui fit sucer celui de la piété et de la vertu. Avant même que la raison de Colette fût assez développée pour saisir les choses d'ici-bas, sa mère s'efforça de la diriger, afin qu'à son réveil, elle fût d'abord éclairée des lumières les plus pures de la foi. Mais cette vertueuse mère donna surtout ses soins à former le cœur de sa fille à la vertu; à y graver l'amour de Dieu, l'horreur pour le péché; et ses pieuses leçons, ses précieux enseignements tombaient dans l'âme de Colette, comme une douce rosée sur une terre bien préparée. C'est ainsi que la mère de Colette, comme celle de Samuel, élevait cette jeune plante qui était confiée à ses soins et qui devait exhaler, même à l'aurore de sa vie, un si suave parfum d'innocence, de sainteté et de vertu. Heureux les parents, qui, comme ceux de Colette, comprennent ce qu'il y a de noble, de grand, dans cette sublime mission que Dieu leur a confiée! Heureux aussi les enfants, qui, par leur soumission, leur docilité, leur obéissance, apprécient, et profitent du bienfait que le Seigneur leur a accordé, en les mettant sous la garde de parents chrétiens et vertueux! L'enfance de Colette fut donc par les soins de ses parents préservée du souffle empoisonné du vice, et son innocence à l'abri du contact impur qui aurait pu en ternir l'éclat.

Maintenant, est-il besoin de dire comment la jeune Colette répondit aux soins empressés, à la tendre sollicitude de ses parents? Est-il besoin de parler de ses sentiments humbles, de sa soumission, de son affabilité, de sa charité envers les pauvres, de son amour surtout pour Dieu, et la sainte Vierge? Il suffirait pour cela d'interroger les auteurs contemporains qui ont écrit sa vie, de consulter les traditions qui se sont conservées dans son pays natal, de génération en génération et qui nous ont été léguées comme un riche trésor. Il n'y aurait qu'une voix pour proclamer la vie douce, calme et pure de la vierge Colette pendant sa jeunesse. Il n'y aurait qu'une voix pour rendre témoignage à son humilité, à son mépris pour le monde, à son amour pour la solitude. Elle avait à peine quatre ans[1], que déjà elle manifestait son éloignement pour le bruit et les plaisirs du monde; qu'elle aimait à se retirer dans un petit oratoire avec sa mère, et où elle passait plusieurs heures à méditer sur la mort et les souffrances de Notre-Seigneur. Quand elle sortait de la maison paternelle, c'était uniquement pour aller aux écoles ou à l'église. Tous les jours, elle s'y rendait pour faire à Dieu l'hommage de ses sentiments, et pour y renouveler aux pieds des autels cette consécration que ses parents avaient faite à Dieu de sa personne. Et tandis que d'autres jeunes filles, après le travail de la journée, s'en allaient folâtrant le long des chemins, on était toujours sûr de trouver la vierge Colette priant en silence dans quelque coin de l'église, à genoux devant la Croix, le regard fixé sur le Sauveur du monde et sur sa sainte Mère.

---

(1) Surius, cap. I. Marc de Lisbonne. cap. III. La mère Perrine.

Quand du haut des collines qui dominent la vallée de la Somme et abritent la ville de Corbie, elle parcourait ce sentier si connu encore de nos jours, sous le nom de sentier de sainte Colette, et qu'elle entendait appeler le peuple à la prière, si elle était trop loin de l'église, ou que l'ouvrage fût trop pressé, elle se jetait à genoux en plein air, joignait les mains et priait sous le ciel.

Non contente d'employer ses journées à prier et à méditer, sainte Colette, quoique à peine âgée de 11 ans, y consacrait encore une partie de ses nuits. Elle interrompait son sommeil pour assister aux Matines qui se chantaient vers le milieu de la nuit dans l'église du monastère[1]. Rien ne pouvait ralentir la ferveur de notre Sainte dans ses exercices de piété. Ni l'obscurité de la nuit, ni la rigueur des saisons, ni la faiblesse de son âge, ni les remontrances de ses parents, qui tout en admirant dans leur enfant une piété si précoce, ne laissaient point que de concevoir des inquiétudes sur sa santé. Mais Colette savait si bien persuader à ses parents qu'on ne souffre point quand on sert le bon Dieu, qu'ils la laissaient faire volontiers. — Un jour cependant, des voisins vinrent faire des représentations au père, sur la santé délicate de son enfant. Robert Boellet, dans la crainte sans doute de perdre son enfant, se crut obligé de défendre à Colette de quitter la maison pendant la nuit pour assister à l'office des Matines; et pour s'assurer que ses ordres seraient exécutés, il

---

(1) S. Perrine.

fit coucher sa fille dans une chambre haute, voisine de la sienne. C'était beaucoup demander à Colette, elle qui ne vivait que pour le Bon Dieu, et qui n'avait de bonheur que dans les exercices pieux ; aussi ne crut-elle pas devoir se conformer à la défense de son père, d'autant plus qu'elle regardait ses craintes comme exagérées ; car sa santé ne souffrait nullement de ses exercices. — Elle chercha donc tous les moyens imaginables pour surmonter les obstacles qu'on mettait à sa piété, et suivre les mouvements de l'Esprit-Saint qui ne connaît point d'entraves. Voici le stratagème qu'elle employa. Il y avait parmi les voisins de Robert Boellet, un fervent chrétien, nommé Adam Monnier, qui avait su gagner sa confiance, et qui souvent était appelé à donner son avis pour les œuvres de charité que Robert faisait. Ce fut à cet homme que Colette s'adressa. Elle vint donc lui apprendre la défense de son père et la peine qu'elle en éprouvait ; puis, lui assurant que sa santé ne faiblissait pas, elle lui exprima le désir qu'elle avait de continuer, comme par le passé, à assister à l'office des Matines. Enfin, elle fit tant d'instances auprès de Monnier que celui-ci, interprétant la défense du père, promit à Colette de l'aider dans l'exécution de ses pieux desseins. — Alors toutes les nuits, à l'aide d'une échelle, il faisait sortir de sa chambre la petite Colette, la recevait dans ses bras, et la conduisait lui-même à l'église. — Puis, quand l'office était terminé, il appliquait de nouveau l'échelle près de la fenêtre, et Colette regagnait sa chambre à coucher. La pieuse enfant, pendant plusieurs années, put ainsi continuer ses dévotions. Cependant, le père Robert s'aperçut de la pieuse fraude de son enfant; il voulait lui en faire des reproches; mais Monnier lui ayant fait comprendre que ses appréhensions sur la santé de sa fille étaient mal fondées, puisque Colette n'était point malade, et que ce serait s'opposer à la volonté de Dieu, aux mouvements de l'Esprit-Saint que de contrarier son enfant dans l'exercice de ses dévotions, Robert ne l'inquiéta plus désormais. Il la laissa libre de continuer ses exercices le jour et la nuit, comme par le passé. Bien plus, il entra tellement dans les idées de sa fille, qu'il voulut lui-même lui construire un petit oratoire où elle pourrait, sans crainte d'être dérangée, vaquer à ses exercices de piété. — C'est dans cet oratoire, qui existe encore, que comme dans une solitude, Colette passait de longues heures dans la prière et la méditation. C'est là que Dieu se plut à combler son humble servante des faveurs extraordinaires, des connaissances surnaturelles qui la firent avancer à grands pas dans la voie de la perfection. C'est là aussi, dans cet oratoire, que sainte Colette, d'après les inspirations de Dieu, eut la première idée de la réforme des trois ordres du Père Séraphique saint François. Elle-même, lorsqu'elle fut à la fin de sa carrière, reconnut en présence de ses religieuses et avoua qu'elle n'avait jamais mieux connu à l'âge de trente ans les affaires de la religion, les désordres du temps et les remèdes à y apporter qu'à l'âge de douze ou quatorze ans.

A cette piété si grande, à cet amour de la prière

si ardent, à cette dévotion si précoce, sainte Colette joignait une charité des plus admirables. Les auteurs contemporains qui ont écrit sa vie, et entre autres Etienne Juliaque, racontent que chaque fois que Colette se rendait aux écoles, elle donnait volontiers son déjeuner ou son goûter aux enfants qui en manquaient. La vue d'un malheureux la faisait pleurer. En rencontrait-elle un couvert de haillons, il lui semblait voir Notre-Seigneur en personne, n'ayant pas de quoi couvrir ses membres, ni où reposer la tête. — Elle disait naïvement : si je n'aimais pas les pauvres, il me semble que je n'aimerais pas le Bon Dieu. — Aussi, les pauvres ne venaient jamais en vain trouver Colette soit à la maison paternelle, soit dans ses courses. — Et ses parents qui voyaient ainsi leur enfant prodiguer les aumônes, ne lui adressaient pas le moindre reproche, tant ils étaient heureux de la voir pratiquer les vertus chrétiennes.

L'un de ses confesseurs, le R. P. Claret, rapporte même que la charité de sainte Colette était si grande, qu'elle ne craignait point, au péril de sa vie, d'aller soigner des malades atteints de la lèpre.

Mais rien n'égalait l'amour de sainte Colette pour les pénitences et les mortifications. Les historiens de l'époque nous disent, que chaque jour, elle revenait des écoles le plus tard possible afin d'avoir l'occasion de jeûner plus longtemps. A la maison, quand ses parents lui offraient de la viande et des douceurs que l'on donne ordinairement aux enfants, la jeune Colette faisait difficulté pour les accepter et s'y prenait si adroitement qu'elle s'en abstenait toujours. En un mot, elle pratiquait chaque jour des austérités et des abstinences telles, que des personnes plus âgées et plus robustes n'auraient jamais osé les entreprendre.

Mais ce qui étonnera davantage, c'est que Colette portait constamment sur elle un cilice qu'elle avait arrangé elle-même. Il consistait en une corde formée de nœuds puissants, qui entraient jusque dans sa chair délicate et lui causaient des douleurs indicibles. Pour augmenter ses souffrances, elle avait imaginé de mettre dans sa chambre des sarments de vigne; et quand le soir était venu, elle les étendait sur le plancher, puis se couchait dessus, au lieu de coucher dans le lit moelleux que ses parents lui avaient préparé[1]. Cet amour des mortifications lui venait surtout de sa dévotion toute particulière pour la passion du Sauveur qu'elle méditait sans cesse. Son ardeur était telle, qu'il lui semblait ressentir les souffrances du Sauveur, et qu'elle paraissait avoir les pieds et les mains percés de clous, le côté traversé d'une lance, tant elle y ressentait de douleurs.

Il est facile de prévoir, avec une telle prédilection pour les pénitences, les mortifications et pour toutes les vertus, combien la jeune Colette était humble et chaste. Son humilité était si grande que quand elle se trouvait avec des personnes qu'elle savait être vicieuses, elle s'estimait être encore plus vile qu'elles : mais si c'étaient des vierges consacrées à Dieu, elle leur témoignait une grande et tendre

---

[1] Juliaque. S. Perrine. cap. XIV.

affection, et s'efforçait d'imiter leur vie angélique. Pour cela, elle évitait autant que possible tout ce qui aurait pu ternir la fleur de son innocence, les regards indiscrets, les paroles curieuses, les vaines conversations, les fréquentations dangereuses, les plaisirs du monde. Une circonstance particulière qui nous est rapportée par un de ses historiens, Pierre de Vaux, nous montre combien le Seigneur, qui se plaît et se délecte parmi les lis, était jaloux de cette âme pure et candide. Car un jour que Colette répandait en prière son âme aux pieds des autels dans l'église de Corbie, un homme peu chaste s'approcha de notre enfant et proféra à ses oreilles des paroles déshonnêtes, qui lui firent monter la rougeur au front. La Sainte, remplie d'indignation et de mépris, se retourna aussitôt vers cet impudent et lui dit hautement : « Dieu vous fasse la grâce de connaître la portée du propos inconvenant que vous venez de proférer. » Tout confus d'une pareille réponse, cet homme veut gagner la porte de l'église; mais Dieu l'avait frappé d'aveuglement, comme les habitants de Sodome qui étaient venus insulter les hôtes de Loth. Quelques efforts qu'il fît, il ne parvint jamais à trouver la porte de l'église. Il fallut que sainte Colette vînt à son aide et le forçât de demander pardon avant de sortir.

CHAPITRE III.

FAVEURS EXTRAORDINAIRES QU'ELLE OBTIENT DU CIEL.

La fidélité de sainte Colette à remplir ses devoirs, son amour ardent pour la pratique de toutes les vertus chrétiennes, sa vie pure et innocente ; tant de qualités réunies ne pouvaient que la rendre agréable aux yeux de Dieu, et attirer sur elle des faveurs extraordinaires. En effet, le Seigneur, qui, selon la parole du saint roi David, rend, même dès ici-bas, à chacun selon ses œuvres, manifesta d'une manière toute particulière son amour envers sa fidèle servante, par des prodiges éclatants qui firent de Colette un vase d'élection.

Nous ne rapporterons que les principaux miracles dont nous trouvons la garantie dans les témoignages et les dépositions des auteurs contemporains. Colette était jeune encore ; il lui arriva par mégarde de laisser tomber sur sa jambe la hache de son père qui était très-lourde et bien affilée [1]. Le tranchant ayant pénétré très-avant dans les chairs, y fit une blessure profonde, de laquelle s'échappa une grande abondance de sang. Notre enfant, sans se déconcerter, bande la

(1. S Perrine.

plaie et se met en prière pour obtenir sa guérison. Le lendemain matin à son réveil, sa plaie était si bien guérie, par le seul secours de Dieu, que ses parents ne pouvaient plus trouver la place de la blessure.

Sainte Colette était arrivée à l'âge de quatorze ans. Au lieu de grandir comme ses compagnes, elle était restée toujours petite. C'était pour ses parents un sujet de chagrin. Son père surtout s'attristait en pensant que sa fille ne serait jamais capable de remplacer à la maison sa mère qui était extrêmement vieille, et qu'elle serait pour la famille un sujet d'opprobre. Sainte Colette entendait tout. Mais que pouvait-elle? Il n'y a que Dieu qui puisse ajouter une coudée à notre taille. Pleine de confiance en celui qui a dit: demandez et il vous sera accordé, sainte Colette résolut de s'adresser à Dieu et de lui demander par l'entremise de la sainte Vierge, ce que son père désirait si ardemment. Donc, elle entreprend à ce sujet un pèlerinage à une chapelle dédiée à la Reine des anges et des hommes. C'était, selon toute probabilité, la chapelle d'Albert, où l'on honorait beaucoup la sainte Vierge sous le vocable de Notre-Dame de Brebières, et où l'on se rendait de tous les coins de la Picardie. Arrivée là, sainte Colette se jette au pied de l'autel et adresse à Dieu cette fervente prière : « Seigneur Jésus, s'écrie-t-elle, si c'est pour votre gloire et pour mon salut, que je sois ainsi toute ma vie de petite taille, j'en suis très-contente; aimant beaucoup mieux que vous me fassiez grande en Paradis, plutôt que d'être grande en ce monde et de vous offenser à l'occasion de mon corps. Mais s'il vous plaît de donner à mon père ce contentement et de me faire grande, sans que mon accroissement soit un obstacle à mon salut, que votre sainte volonté s'accomplisse en moi et sur moi. » A peine Colette avait-elle achevé sa prière que les membres de son corps s'étendirent de telle sorte qu'elle obtint en un instant la grandeur que son père désirait[1].

A partir de ce moment, les traits de son visage revêtirent un éclat tout nouveau. Son extérieur respira un air de noblesse et de dignité qui faisait qu'on la prenait volontiers pour la fille de quelque grand seigneur. Aussi, chaque fois que Colette sortait soit pour se rendre à l'église, soit pour accomplir quelque œuvre de charité, tous les regards des passants s'arrêtaient sur elle avec complaisance, pour considérer sa beauté, et les éloges ne tarissaient plus. Plusieurs jeunes gens même, captivés par cet attrait puissant, allèrent jusqu'à solliciter en mariage l'honneur de sa main. Combien de personnes du monde, qui à la place de Colette, se seraient estimées heureuses de posséder ce don de la nature ! que d'efforts elles auraient faits, que de moyens elles auraient employés pour conserver et faire valoir cette beauté ! Et pourtant, quoi de plus fragile que la beauté ? C'est une fleur qui s'épanouit le matin, et que le soleil dessèche à son midi. Aussi, à peine la vierge Colette se fut-elle aperçue qu'on la regardait avec complaisance, à peine eut-elle entendu faire l'éloge de sa beauté, qu'elle en conçut de vives inquiétudes, et craignit qu'un jour les traits de

---

[1] R. P. Jacques Fodéré. Michel Notel. Surius, cap. III.

son visage ne servissent de piége à quelque créature faible, ou qu'elle même ne tombât dans le précipice de la perdition. Elle se ressouvint surtout de cette parole du sage, que la grâce est trompeuse et la beauté vaine. Alors, pleine de ces salutaires impressions, elle court se jeter au pied des autels; et là, les yeux en larmes, elle conjure le Seigneur d'avoir pitié d'elle, et de lui enlever cet avantage dangereux de la beauté, préférant être pour le monde un objet d'horreur[1]. Une prière aussi généreuse, aussi ardente, devait être agréable au Seigneur et méritait d'être exaucée. A peine était-elle terminée que les couleurs si merveilleuses de son visage disparurent comme par enchantement, et furent à l'instant même remplacées par une blancheur de lis éclatant, symbole de la candeur et de la pureté de son âme. Désormais à l'abri des recherches et des séductions du monde, dégagée de toute entrave, sainte Colette put sans crainte se livrer tout entière au service de Dieu, à la pratique des œuvres de charité et surtout à l'instruction religieuse des jeunes pesonnes.

En effet, sainte Colette était animée d'un zèle ardent non-seulement pour sa propre sanctification; mais aussi pour la sanctification de son prochain. Comprenant tout le prix d'une âme rachetée par le sang de Jésus-Christ, elle ne négligeait aucun des moyens qui étaient en son pouvoir pour les éclairer et les former à la vertu. Elle était secondée dans ses pieux desseins par les grâces et les connaissances surnaturelles dont

---

(1) Surius. cap. II. R. M. Perrine.

Dieu remplissait sa belle âme. De plus, elle possédait une merveilleuse facilité à expliquer les vérités du salut, et les mystères de la religion aux personnes de son sexe. Surius et Marc de Lisbonne nous apprennent que toutes les jeunes filles de la paroisse quittaient volontiers leurs amusements ordinaires pour venir entendre la sainte de Corbie. Les mères de famille y venaient aussi avec leurs enfants et sortaient de ces conférences spirituelles toutes pénétrées de la plus vive componction, et du désir de se sanctifier. Plus d'une fois même, le Curé de la Paroisse, qui était le directeur de Colette, ne put résister à l'entraînement général. On le vit, caché derrière une porte, l'écoutant avec bonheur, et bénissant le Seigneur du bien qui se faisait dans la paroisse. C'est ainsi que Colette, docile à l'inspiration de la grâce, préludait à cette grande mission qu'elle aurait un jour à accomplir, et travaillait au salut des âmes.

CHAPITRE IV.

PREMIÈRES ÉPREUVES DE SAINTE COLETTE.

Jusqu'à présent sainte Colette avait mené une vie calme et tranquille, sous la tutelle de ses parents. Elle ne connaissait point encore les peines et les épreuves de la vie, qui, comme un feu, épurent une âme en la détachant des scories du monde, et la rendent plus forte, par l'exercice même de la lutte et de la résistance. Mais bientôt son âme allait passer dans le creuset de la douleur. Le vent de la tribulation allait souffler sur sa tête, la dépouiller de tout secours, de toutes les ressources humaines, et ainsi la préparer à une vie plus parfaite. En effet, sainte Colette avait atteint sa dix-huitième année, quand Dieu lui enleva coup sur coup son père et sa mère. Ce malheur est souvent pour les enfants la source d'un chagrin et d'une tristesse profondes qui conduit au découragement. Il n'en fut pas ainsi de Colette. Voyant en toute chose la volonté de Dieu, quoique ne connaissant qu'imparfaitement ses desseins pour l'avenir, elle lui offrit généreusement le sacrifice de ses parents avec un esprit de foi admirable, et en supporta la peine avec une résignation chrétienne, d'autant plus que son père lui avait donné un soutien. Car, avant de mourir, ce fervent chrétien avait fait appeler le R. P. Raoul de Roye,[1] abbé de Saint-Pierre de Corbie, pour recevoir les secours de la religion, et lui recommander son unique fille. « Mon père, lui avait-il dit, puisque vous m'avez toujours témoigné beaucoup d'affection, et que je me suis efforcé pendant toute ma vie de vous en témoigner ma reconnaissance, je vous laisse en ce monde ma fille unique, Colette, pour que vous lui serviez désormais de père. Je vous la donne, je vous la recommande humblement et je la place sous les ailes de votre paternelle protection.[2] » Le Révérend Père abbé ne put refuser cette grâce à son ami mourant. Il connaissait trop bien quel trésor il lui léguait en lui donnant Colette. Il accepta donc avec empressement la tutelle de sa fille, promit de lui servir de père et de l'aider de ses conseils et de son pouvoir.

Néanmoins, sainte Colette se trouvait orpheline. Après avoir eu le bonheur de posséder des parents chrétiens, qui jusqu'alors avaient été son soutien, sa force, elle s'en voyait privée tout à coup. Dès ce moment, le présent lui fut à charge par sa solitude ; l'avenir l'effraya par sa responsabilité. C'est pourquoi, elle éprouva de grandes ardeurs de tout quitter, puisque tout se flétrissait et se brisait autour d'elle, et de se consacrer tout entière à Dieu. Puis, voulant mettre en pratique ce conseil du divin Maître : « Que celui qui veut être mon disciple se renonce lui-même et à tout ce qu'il possède, » elle conçut le

---

[1] Il fut fait abbé l'an 1391 et mourut l'an 1418. (2) S. Perrine.

projet généreux de vendre tous les biens que ses parents lui avaient laissés en mourant, pour les distribuer aux pauvres. A cet effet, nous dit le cardinal Bona, elle vint trouver le R. P. Raoul de Roye, et lui annonça son dessein. Le R. P. Abbé, surpris de trouver dans cette jeune personne un pareil désir, commença par louer sainte Colette de sa résolution de parvenir à une si haute perfection ; mais en même temps il opposa les raisons les plus fortes, les motifs les plus sérieux pour la détourner de son projet. Car il s'était occupé de lui chercher un parti parmi les jeunes gens les plus vertueux de Corbie. Enfin, voyant que ses raisonnements ne pouvaient ébranler sainte Colette dans sa détermination, il lui représenta comme dernière ressource, qu'elle pourrait un jour avoir besoin de son patrimoine pour sa propre subsistance, et que s'en dépouiller maintenant, c'était s'exposer à manquer de tout et ainsi tenter la Providence de Dieu. « Eh quoi! mon père, s'écria Colette avec l'accent de la foi la plus vive, vous craignez que je manque du nécessaire ! Mais le Seigneur n'a-t-il pas promis le centuple à ceux qui quittent tout pour sa gloire, pour son amour ? N'a-t-il pas dit : Cherchez le royaume de Dieu et le reste vous sera donné par surcroît ? » Puis, voulant montrer que sa foi était fondée, sainte Colette ajouta aussitôt : « Celui qui nourrit les oiseaux du ciel ; qui revêt des plus riches parures les lis des champs ; Celui que nous appelons notre Père, pourrait-il oublier ses enfants dans leurs besoins? Pourrait-il laisser mourir de faim la pauvre Colette qui ne lui demande que le pain de chaque jour. » Le révérend père Abbé, ému jusqu'au fond de l'âme en entendant de tels accents de foi et de piété, ne put retenir ses larmes, ni refuser son consentement. Il accéda donc à tout ce que Colette demandait et l'aida lui-même à vendre ses biens et à distribuer l'argent aux pauvres [1].

On ne saurait trop admirer, surtout à notre époque, ces sentiments de foi de notre sainte, ni son détachement pour les biens de ce monde. Car autant sainte Colette fait d'efforts pour se dépouiller de sa petite fortune, autant les personnes du monde s'attachent à cette même fortune ; autant sainte Colette regarde les biens de la terre comme un obstacle à son bonheur, à son salut éternel, autant on soupire après ces mêmes biens, autant on cherche à se les procurer, comme si le bonheur dépendait de leur possession. D'où viennent cette opposition et ce contraste frappant entre les sentiments de sainte Colette et ceux qu'on a aujourd'hui? Ils viennent de ce qu'on n'a plus de confiance en Dieu, de ce qu'on n'a plus ni le sentiment chrétien, qui est un sentiment de détachement et d'abnégation ; ni le sentiment de sa destinée qui nous répète à chaque instant que l'homme n'est point créé pour les biens périssables de ce monde ; mais pour les biens solides et permanents de l'Eternité.

(1) Marc de Lisbonne. Cap. IX.

CHAPITRE V.

SAINTE COLETTE ÉTUDIE SA VOCATION (1398.)

Sainte Colette arrivée à l'âge de dix-huit ans n'avait pour ainsi dire plus aucun bien qui l'attachait au monde. Car ses parents, avec qui elle s'était tenue jusqu'alors, étaient morts. Ses biens, elle les avait vendus pour en distribuer le prix aux pauvres. Sa beauté, elle l'avait sacrifiée à Dieu. Son corps même, elle l'avait affaibli par ses jeûnes et ses pénitences. Elle se trouvait donc en cet état réduite à une extrême faiblesse, à une entière pauvreté, et elle pouvait s'écrier en toute vérité avec l'apôtre : « Je me suis dépouillée de toutes choses et j'ai regardé tous les avantages de ce monde comme de la boue, afin de gagner Jésus-Christ. » C'était là en effet son rêve, son unique désir. Servir Dieu, lui consacrer toute sa vie, voilà le but où elle tendait, et pour l'atteindre, elle aurait voulu immédiatement quitter le monde, s'enfoncer dans la solitude. Mais pour mener une vie aussi parfaite, aussi complètement consacrée à Dieu, sainte Colette sentit le besoin d'un directeur qui pût la conduire sûrement dans sa vocation à travers les sentiers toujours si difficiles de la piété. Ses prières d'ailleurs, jusque là si ferventes, mais très-simples, devenaient de plus en plus élevées. Elle-même éprouvait, pour nous servir du langage d'un pieux écrivain, une union avec Dieu dont l'intimité l'étonnait. A de certains moments, elle se sentait emportée dans des régions supérieures qu'elle ne soupçonnait pas. Des visions miraculeuses se mêlaient déjà en elle à d'ardentes affections pour Dieu. Sainte Colette, au premier abord, s'en alarma ; et comprenant qu'il lui était impossible de s'avancer sans guide à travers de pareils chemins, son unique préoccupation fut donc de trouver un directeur.

Sainte Colette était appelée à mener une vie trop parfaite, à remplir un rôle trop important dans le monde catholique, pour que Dieu ne lui eût pas préparé le directeur dont elle avait besoin. C'était le révérend père Bassadan de l'Ordre des Célestins que Dieu lui réservait[1]. Ce religieux, qui était un grand serviteur de Dieu, très-instruit dans la science de la spiritualité, résidait alors à Amiens. Il était né à Besançon, d'une famille très-distinguée dans la magistrature ; il avait tout quitté pour entrer dans l'Ordre des Célestins, fondé par le pape saint Célestin V. Ses supérieurs l'avaient envoyé à Amiens pour fonder un couvent du même Ordre et c'était lui qui en était le prieur. Sainte Colette, qui avait entendu parler de sa sainteté et de son savoir, vint donc le trouver à Amiens pour lui confier ses projets et se mettre entièrement sous sa direction. Le révérend père Bassadan ne tarda pas à découvrir quel pre-

---

(1) Manuscrit des RR. PP. Célestins de Paris.

cieux trésor Dieu lui avait confié. Aussi, il prit un soin tout particulier pour le faire valoir. Il commença par donner à sainte Colette une méthode pour l'aider à prier, méditer avec plus de fruit. Il restreignit en même temps dans de justes limites ses jeûnes, ses austérités, ses mortifications, qui, poussées trop loin, nuisaient à sa santé. Ensuite, il lui traça une règle de conduite pour la guider dans la pratique des bonnes œuvres et la faire avancer à grands pas dans le chemin de la perfection. Enfin, voyant que sa pénitente répondait admirablement à ses soins, par son obéissance, son humilité, il lui déclara de la part de Dieu qu'il ne la croyait point appelée à rester dans le monde, mais à vivre dans l'état religieux. Toutefois, il ne voulut point pour le moment lui désigner dans quel Ordre religieux elle devait se consacrer au Seigneur. Mais pour la préparer dès ce moment à sa vocation sainte, il l'engagea à se consacrer à Dieu, par le vœu de virginité. Rien ne pouvait être plus agréable à sainte Colette. Aussi, après quelques jours de préparation, elle fit, entre les mains de son directeur, ce vœu si cher à son cœur. Ce fut dans de telles dispositions et avec de tels sentiments de piété que sainte Colette quitta Amiens et revint en son pays natal.

Or, il y avait à cette époque à Corbie une association de pieuses filles, qui, sans être liées par aucun vœu, vivaient en communauté comme les religieuses[1]. Ces communautés qui remontaient au

---

(1) R. P. Séraphin.

douzième siècle, étaient très-répandues dans l'Allemagne, les Pays-Bas, le nord de la France, et notamment à Rouen, à Gand, à Malines, et à Abbeville, où elles furent remplacées en 1416 par les Sœurs-Grises. Elles portaient le nom de béguines. On les appelait ainsi du nom de leur fondateur Lambert Begg, prêtre du diocèse de Liége ; ou bien selon quelques historiens, du nom de sainte Buègue, sœur de sainte Gertrude, qui faisait partie de cette communauté. D'autres prétendent que ce nom leur avait été donné à cause de leur occupation habituelle qui était la prière ; or, en allemand, prière s'exprime par le mot *beggen*, d'où on avait formé le nom de béguines. Sainte Colette demanda à ces religieuses d'être admise parmi elles, s'offrant de partager leurs travaux, et de visiter les malades. On la reçut avec empressement ; mais la vie de ces saintes filles ne parut pas assez parfaite à sainte Colette, ni leur renoncement au monde assez entier. Son âme soupirait après une perfection plus grande. C'est pourquoi elle quitta cette communauté, non sans avoir pris conseil du R. P. Raoul, et du père Bassadan pour entrer chez les Urbanistes du Pont-Saint-Maxence, au diocèse de Senlis [1]. C'étaient des religieuses de Sainte-Claire, dont le pape Urbain IV avait modifié la règle, et qui, pour cette raison, avaient pris le nom d'Urbanistes. Sainte Colette s'attendait à trouver dans cette nouvelle communauté une union intime entre les religieuses, une régularité parfaite, un

---

(1) R. M. Perrine, en ses dépositions.

renoncement absolu pour le monde. Quelle ne fut pas sa surprise de voir qu'il en était tout autrement! Sa piété ardente et son désir de la perfection eurent donc encore beaucoup à souffrir dans cette seconde maison. Comme elle ne pouvait espérer de pouvoir réformer les abus qui s'y étaient glissés, elle prit le parti d'en sortir, au risque de passer pour une inconstante. Elle vint alors dans la communauté des religieuses de Saint-Benoît[1] avec l'intention de s'y fixer à tout jamais. Mais Dieu lui fit connaître que ce n'était pas là qu'il la voulait. C'est pourquoi Colette revint à Corbie. Les personnes qui connaissaient la piété de Colette, ses vertus et sa vie mortifiée ne pouvaient comprendre qu'elle eût fait tant de démarches inutiles. Beaucoup même la regardaient comme une inconstante, qui ne pouvait se fixer nulle part. Mais elle acceptait avec une résignation vraiment admirable toutes ces humiliations, tous ces reproches, préférant suivre l'inspiration de la grâce, plutôt que de se guider par des considérations humaines. Par cette docilité, elle se courbait aux moindres influences du souffle divin, qui allait bientôt l'arracher définitivement au monde et la conduire au poste que la divine Providence lui assignait.

Ce fut ainsi que Colette arriva par mille craintes à connaître le but suprême de son existence. Dieu l'avait créée pour être un jour une réformatrice d'ordres, c'est-à-dire pour participer d'une façon ineffable à cette paternité spirituelle qui ne vient ni

---

(1) Surius, cap. IV.

de la chair, ni du sang, ni de la volonté de l'homme et que Dieu seul peut communiquer, parce que lui seul en est la source. Est-il étonnant alors, qu'il lui ait fait toucher du doigt toutes les plaies qui rongeaient les maisons religieuses, comme le cancer ronge le cœur d'un malade?

CHAPITRE VI.

SAINTE COLETTE CONNAIT SA VOCATION (1400).

Il y avait plus de deux ans que sainte Colette demandait à Dieu la grâce de connaître sa vocation. Mais le Ciel restait sourd à sa voix, car les démarches qu'elle avait faites dans les différentes communautés religieuses n'avaient amené aucun résultat définitif. Aussi l'âme de notre Sainte était en proie à l'inquiétude. Son cœur était déchiré de douleur, et sa volonté tiraillée en divers sens. Résignée cependant en tous points à la volonté de Dieu, sainte Colette prit le parti d'attendre le secours du Ciel. Le Seigneur eut enfin pitié de son humble servante, et mit un terme à ses anxiétés en lui envoyant le R.P. Pinet[1], de l'Ordre de Saint-François, gardien des Cordeliers d'Hesdin et visiteur des couvents de la Picardie. C'est lui qui devait ramener le calme dans cette âme agitée et la fixer dans sa vocation. En effet, le R. P. Pinet ayant eu besoin de s'arrêter à Corbie, sainte Colette, qui avait entendu parler de la sainteté de ce religieux, vint aussitôt le trouver et lui ouvrit son cœur.

---

(1) Clithou. Michel Notel. Surius, cap. VIII.

Elle lui fit part de ses inquiétudes, de ses démarches infructueuses, et de son désir de servir Dieu dans une maison religieuse où l'esprit de sainte Claire fut dans toute sa vigueur.

Ce bon Père comprit bientôt ce qu'il fallait à ce cœur si généreux, à cette âme si ardente et si dévouée au service du Seigneur. Il eut de suite accédé volontiers à ses désirs d'entrer dans une maison de Sainte-Claire. Mais comment lui donner ce conseil, puisque les religieuses de cet Ordre n'étaient plus dans la stricte observance et que, au rapport des historiens de l'époque, elles étaient si malheureusement déchues, particulièrement en France et en Allemagne, qu'à peine pouvait-on les reconnaître pour des religieuses, sinon par l'habit. — C'eût été renouveler les inquiétudes que sainte Colette avait éprouvées chez les Béguines, les Urbanistes, les Bénédictines, et l'exposer de nouveau à sortir de cette communauté. Aussi, le R. P. Pinet, afin de bien s'assurer des desseins de Dieu sur cette âme privilégiée, et de la correspondance que sainte Colette devait apporter de son côté, se proposa pour le moment de la faire entrer dans le Tiers-Ordre de Saint-François, lui laissant entrevoir que ce premier pas dans la famille Séraphique, serait pour elle un puissant moyen pour avancer dans les voies de la perfection.

Ce fut avec bonheur que sainte Colette accueillit la proposition du R. P. Pinet. — Pendant que le P. Pinet fit sa visite dans les monastères de Picardie, sainte Colette se prépara par la prière, le recueillement et la pratique des vertus chrétiennes à son entrée dans le Tiers-Ordre de Saint-François. Puis quand il fut de retour, elle reçut avec les sentiments de la piété la plus vive, de la joie la plus grande ce saint habit qui la séparait entièrement du monde et la mettait au nombre des enfants de cette famille de Saint-François, qu'elle devait réformer dans la suite de sa vie.

Cependant, le révérend P. Pinet apprenait de jour en jour à connaître la Sainte de Corbie, il appréciait de plus en plus sa vertu solide, et la voyait avancer à grands pas dans les voies spirituelles. La croyant donc appelée à une vie plus parfaite que celle qu'elle menait, et à un renoncement plus absolu, il se sentit inspiré de lui proposer un genre de vie qu'il a été donné à bien peu d'âmes de réaliser. Quel genre de vie? Etait-ce de s'enfermer dans un Ordre religieux des plus austères, loin de tout commerce avec le monde? Non. Car dans les Ordres même les plus austères, les religieuses ont au moins la consolation de vivre en commun, de chanter en chœur les louanges du Seigneur, de s'encourager par de bons exemples, de s'aider mutuellement dans leurs infirmités, et de recourir à leurs supérieures dans leurs peines. Etait-ce de s'enfoncer dans les déserts, au fond d'une grotte solitaire, ou dans un lieu aride connu seulement des animaux sauvages? Non, encore. Car les solitaires du désert, les anachorètes peuvent au moins jouir du beau spectacle de la nature; ils peuvent s'élever à Dieu par la vue des créatures; ils peuvent également sortir de leur retraite, se visiter les uns les autres, pour demander des conseils dans leurs doutes, des consolations dans leurs peines. Ce n'était pas là que Dieu voulait notre Sainte. Le R. P. Pinet lui proposa donc de mener la vie de recluse, c'est-à-dire suivant l'expression de l'apôtre saint Paul, de s'ensevelir avec Jésus-Christ dans un ermitage comme dans un tombeau. A cette proposition de son directeur, la Sainte sentit une grande correspondance intérieure, avec une douce satisfaction, qui lui assurait que c'était là la volonté de Dieu, ce qu'elle n'avait jamais éprouvé aux autres propositions qu'on lui avait faites, quoique son âme fût entièrement soumise. Sainte Colette accepta donc avec empressement la proposition du R. P. Pinet, de vivre en recluse, quelque pénible que fût le genre de vie, et travailla aussitôt à l'exécution de ce projet.

CHAPITRE VII.

SAINTE COLETTE ENTRE DANS SON ERMITAGE (1402).

Sainte Colette avait vingt-deux ans quand elle prit la résolution de s'enfermer comme recluse dans un ermitage[1], afin d'y mener une vie plus parfaite. Mais avant de mettre à exécution ce projet, il y avait bien des difficultés à surmonter. Il fallait d'abord avoir le consentement du R. P. Raoul, abbé du monastère de Corbie. — Ensuite, il fallait trouver un endroit convenable et des ressources pour bâtir l'ermitage. Mais Dieu, qui favorisait la Sainte, sut lever tous les obstacles et disposer les esprits. Un jour donc que le R. P. Abbé recevait à sa table une honorable compagnie, sainte Colette crut le

---

(1) La cellule de sainte Colette fut longtemps célèbre à Corbie. Les peuples des environs venaient en foule et à certains jours de l'année la visiter; on l'appelait la recluserie de sainte Colette. Cette cellule ainsi que la chapelle attenante, ont été détruites à l'époque où fut vendue l'église de Saint-Etienne, à laquelle elles tenaient. — On a cherché de nos jours à représenter la cellule dans une chapelle de l'église Saint-Pierre de Corbie, due à la munificence de M. Hersent, ancien doyen de Corbie, et de M. le Baron de Caix de Saint-Aymour, riche propriétaire de cette ville. — Aujourd'hui on restaure l'église de Saint-Etienne, qui doit servir de chapelle à sainte Colette, et d'Orphelinat.

moment favorable. Pleine de confiance en Dieu, elle se présente seule devant l'assistance, et s'adressant au R. P. Raoul, lui fait part de sa résolution de vivre en recluse; lui demande l'abandon d'une petite maison qui appartenait au Couvent des Bénédictins et qui était adossée au chevet de l'église Saint-Etienne. Sainte Colette regardait cette maison comme pouvant lui servir de retraite, moyennant quelques réparations. — Le R. P. Raoul, qu'une pareille résolution surprenait, fit beaucoup de difficultés pour donner son plein consentement et objecta que l'exécution de ce projet n'était pas possible. Mais notre Sainte plaida si bien sa cause, fit tant d'instances au nom de Dieu, de la sainte Vierge et de tous les Saints; au nom de feu son père qui avait été grand ami du R. P. Abbé; au nom même des personnes qui étaient là présentes et qui toutes unanimement se joignirent à Colette, que le R. P. Raoul fut ébranlé par cette fermeté, et ne put refuser à la Sainte ce qu'elle demandait avec tant d'empressement. Il lui donna donc son consentement par écrit pour l'abandon de la maison destinée à lui servir d'ermitage. L'original de cet écrit, daté du 17 septembre 1402, se trouvait encore à Corbie entre les mains de M. Vrayet, alors curé, en l'année 1629[1].

Restait une dernière difficulté : celle de trouver les fonds nécessaires pour la construction et l'ameublement de l'ermitage. On n'eut pas de peine à se les procurer, car sainte Colette était si aimée dans

---

(1) R. P. Séraphin.

le pays, elle avait fait tant de bonnes œuvres de charité, et puis son projet était si admirable, que tous les habitants s'empressèrent à l'envi de fournir l'argent dont on avait besoin. Parmi les personnes les plus empressées à concourir à cette œuvre, on remarqua surtout une pieuse Dame, nommée Guillemette Gameline, veuve de Jean le Sénéchal, prévôt de Corbie, qui donna une forte somme d'argent, et le R. P. Raoul que sainte Colette avait entièrement mis dans ses intérêts.

Cependant le R. P. Pinet, avant d'enfermer sainte Colette dans son ermitage, voulut de nouveau l'éprouver, et s'assurer si sa vocation était bien solide. Il lui fit un tableau des plus saisissants de cette vie recluse qu'elle voulait mener. Il lui représenta tous les sacrifices qu'elle serait obligée de faire, toutes les peines, les angoisses qu'elle allait éprouver sans aucun secours humain, sans aucune consolation du monde. — Livrée entièrement à elle-même et le jour et la nuit, comment supporter les ennuis, les découragements, les incertitudes, les luttes intérieures qui infailliblement viendraient l'assaillir? Enfin, pour la mettre en garde contre les illusions, il lui déclara d'avance qu'elle aurait à lutter non-seulement contre elle-même, et contre son corps, mais contre le démon, qui ne la laisserait pas tranquille dans cette solitude, et qu'il viendrait lui livrer des assauts terribles. Toute autre personne que Colette aurait reculé devant toutes ces difficultés, et renoncé à un genre de vie si pénible, si effrayant; mais notre Sainte avait une telle confiance en Dieu, qui lui avait inspiré sa vocation sublime, et en sa grâce toute-puissante, qu'elle resta ferme et inébranlable dans sa résolution. Il lui semblait qu'avec le secours de Dieu elle pourrait surmonter tous les ennuis, tous les sacrifices, toutes les privations d'une vie aussi pénible. Elle supplia donc le R. P. Pinet de mettre le comble à ses vœux en la faisant entrer dans son ermitage.

Tout, en effet, était terminé dans l'ermitage ; il ne restait plus qu'à le bénir, et à recevoir les vœux de clôture perpétuelle que la Sainte devait prononcer, avant de s'enfermer dans cette nouvelle Thébaïde.

Au jour indiqué pour cette pieuse et touchante cérémonie, le R. P. Dom Raoul de Roye, abbé du monastère de Saint-Pierre de l'antique Corbie de l'Ordre de Saint-Benoit, accompagné du R. P. Pinet, gardien du couvent des Cordeliers d'Hesdin, et visiteur des couvents de la Picardie[1], ainsi que d'un grand nombre de religieux du monastère, se transporta à l'Eglise Saint-Etienne, où attendait tout le Clergé de la Paroisse. Il procéda à la bénédiction solennelle de l'Ermitage de Sainte-Colette, en présence d'une multitude innombrable de personnes que cette cérémonie touchante avait amenées des divers quartiers de la ville et des campagnes voisines. Les unes venaient par curiosité, les autres par sympathie pour la Sainte. Après les cérémonies d'usage pour la bénédiction, le R. P. Pinet, directeur de sainte Colette, prit la parole et adressa à la nombreuse

---

(1) R. M. Perrine, Marc de Lisbonne. Liv. III. cap. V.

assistance un discours de circonstance, sur le mépris des choses de la terre, et le bonheur que l'on goûte dans le service de Dieu. Il parla avec tant d'onction et de force, que beaucoup de personnes furent touchées jusqu'à renoncer au monde et à envier le bonheur de la recluse, qui allait se consacrer entièrement à Dieu. Le sermon achevé, on commença le saint sacrifice de la messe, et au moment où le R. P. abbé allait donner la communion à la recluse, sainte Colette fit à haute voix entre les mains du P. abbé son vœu de clôture perpétuelle : « Pour l'amour de Dieu, dit-elle, et en présence de la reine du ciel et de toute la cour céleste, je m'engage par vœu à garder la pauvreté, la chasteté, l'obéissance et la clôture perpétuelles. » Ce fut après avoir prononcé ces vœux, et avoir reçu l'habit de religieuse, que notre Sainte entra dans son ermitage de Corbie. Il serait impossible de dire le sentiment qui s'empara de la pieuse assistance quand on entendit la porte de l'ermitage se fermer sur notre Sainte, qui se faisait volontairement prisonnière de l'amour divin. — Ce fut comme un frémissement de tendre compassion mêlé à un sentiment d'admiration. Il serait impossible surtout d'exprimer les transports de joie et de reconnaissance dont était pénétrée la sainte Epouse de Jésus-Christ et les faveurs célestes dont son âme était inondée. — Elle regardait sa demeure comme un paradis, comme un séjour de délices qu'elle n'aurait point voulu changer contre les palais des mortels. Elle ne pouvait se lasser d'adorer les voies merveilleuses par lesquelles Dieu avait si miraculeusement fait réussir son entreprise; alors dans l'extase de sa joie et de son bonheur, elle s'écriait : « C'en est trop, Seigneur ; c'en est trop, gardez vos douceurs pour d'autres qui en sont moins indignes. Souffrir et mourir pour vous, voilà toutes mes délices et je n'en désire point d'autres. »

Un instant pourtant cette joie si pure de notre recluse, cette paix si admirable fut sur le point d'être troublée, un doute traversa son esprit : L'entreprise à laquelle elle s'engageait n'était-elle point téméraire? N'était-ce point tenter Dieu que de vouloir vivre dans une si complète solitude? où trouverait-elle de quoi se nourrir et se vêtir? Dieu, qui veut qu'en toutes choses, à son exemple, on procède sagement, ne l'abandonnerait-il pas comme les vierges folles qui ne s'étaient pas pourvues de l'huile nécessaire pour entretenir leurs lampes?

Mais aussitôt la foi ardente de notre Sainte, sa confiance illimitée en la Providence, la soutenaient au milieu de ses inquiétudes, de ses appréhensions : « Eh quoi! mon Dieu, disait-elle, j'ai peur ! Et que puis-je appréhender? Vos prévoyances s'étendent sur les lis des champs et sur les petits oiseaux des bocages; serait-il possible que vous les refusassiez à votre humble servante? »

L'avenir montra combien sainte Colette avait raison. Car, pendant tout le temps qu'elle resta dans sa reclusion, elle ne manqua jamais des choses nécessaires à la vie. Dans la ville de Corbie, c'était à qui porterait à notre Sainte la nourriture de chaque jour; au point que souvent elle était obligée de remercier les personnes charitables, ne pouvant consommer tout ce qu'on lui offrait.

Ce prodige de charité, qu'on ne saurait trop admirer, en faveur de notre Sainte, n'a point cessé, puisque de nos jours, nous voyons les pauvres filles de Sainte-Claire, qui n'ont d'autre ressource que la providence de Dieu, traverser les temps les plus difficiles, sans jamais éprouver de besoin. C'est que la charité chrétienne est un trésor inépuisable, et que la providence de Dieu est infinie dans ses ressources !

CHAPITRE VIII.

SAINTE COLETTE DANS SON ERMITAGE (1403).

Cependant le R. P. Pinet, après avoir établi sainte Colette dans son ermitage, se garda bien de l'abandonner et de la délaisser. Semblable à un bon jardinier, qui, après avoir planté une pépinière, prend grand soin de la cultiver, il vint souvent visiter la recluse, la consoler, l'éclairer et la fortifier dans cette courageuse entreprise. Il lui servit tout à la fois de père spirituel et de directeur, et lui traça dans un règlement tout ce qu'elle devait observer dans sa clôture pour mener la vie de religieuse, même en son absence. Car en sa qualité de visiteur des couvents de Picardie et de gardien du couvent de la ville d'Hesdin, il était obligé de s'absenter souvent de Corbie. Alors, c'était le curé de la paroisse Saint-Étienne, Jean Guyot, qui, en son absence, prenait soin de la recluse.[1]

Il n'entre pas dans notre plan de raconter ici une à une toutes les actions de la Sainte, ni chacun de ses exercices pieux pendant les quatre années qu'elle passa dans son ermitage, non plus que ses austérités,

---

(1) R. P. Fodéré. Clithou.

ses luttes, ses combats, ses épreuves et ses consolations. Il est facile, du reste, de concevoir que notre Sainte, qui avait mené dans le monde une vie si régulière, si pieuse, si austère, ne diminua en rien de ses habitudes lorsqu'elle se fut entièrement consacrée à Dieu ; au contraire, une fois dans son ermitage, elle s'abandonna tout entière à son zèle et se mit à châtier rigoureusement son corps, pour l'empêcher de se révolter contre l'esprit. Elle le chargeait de chaînes de fer ; deux se croisaient sur la poitrine, et avec le temps elles entamèrent la peau et y firent de grandes plaies. Les jeûnes, les haires, les cilices, les disciplines et d'autres semblables austérités faisaient la variété de ses exercices. Elle couchait sur la terre nue ; un morceau de bois lui servait d'oreiller. Enfin cette innocente recluse inventa pour satisfaire sa ferveur, tout ce qu'un grand pécheur pénitent aurait pu imaginer pour expier ses crimes.

Sainte Colette partageait ainsi son temps en œuvres de pénitence, et en œuvres de piété. Prier, méditer, réciter l'office divin, adorer Jésus-Christ dans le Très-Saint Sacrement, telles étaient ses plus douces occupations. C'était pour lui faciliter l'accomplissement de ses exercices de piété, et les moyens de participer à la réception de la sainte Eucharistie qu'on avait pratiqué dans le mur de l'église, sous la fenêtre du côté de l'épître, une ouverture fermée par une petite grille que l'on conserve encore aujourd'hui chez les Clarisses de Bruges. C'était à cette grille que sainte Colette était constamment en adora-

CHAPITRE VIII.

tion en face du tabernacle qu'elle avait sous les yeux.

Mais plus sainte Colette montrait de ferveur dans ses oraisons, plus elle mortifiait son corps par les austérités et les jeûnes [1] et plus aussi l'ennemi du salut, Satan, faisait d'efforts pour décourager cette âme si ardente, pour ébranler sa résolution et la troubler dans ses pieux exercices. On croirait à peine toutes les persécutions, les combats, et les violences même corporelles que le démon exerça contre notre Sainte, si on ne savait que Dieu, pour perfectionner ses élus, permet qu'ils soient ainsi éprouvés par cet esprit de ténèbres. Tantôt, il lui apparaissait sous les formes les plus hideuses ; tantôt il faisait retentir sa cellule des cris les plus effrayants; quelquefois il remplissait sa chambre d'animaux les plus immondes, tels que les lézards, vipères, serpents ; d'autrefois, il allait jusqu'à se ruer sur elle, dans l'unique but de la décourager et la jeter dans le désespoir [2]. Mais toujours le démon était vaincu par la Sainte, qui n'avait pour défense que la prière et sa confiance en Dieu ; et il était obligé de s'éloigner, en rugissant d'être vaincu par une si humble et si chétive créature.

Il y avait quatre ans que Colette vivait ainsi dans une alternative continuelle de persécutions et de consolations spirituelles. Elle s'était enfermée dans un ermitage pour être tout à fait oubliée du monde, pour rester inconnue, mais il en arriva tout autrement. Dieu, qui se plaît à exalter, à glorifier les

(1) Surius, cap. vii.   (2) Pierre de Vaux.

humbles, les petits, avait répandu en notre Sainte tant de charmes que les personnes qui l'approchaient ne pouvaient plus se séparer d'elle. Car on avait ménagé dans son ermitage un parloir, où, à l'aide d'une grille en fer, Colette pouvait communiquer avec les personnes du dehors; et, par le moyen d'un tour, elle recevait tout ce qui lui était nécessaire. Alors chacun voulait la voir, s'entretenir avec elle, se recommander à ses prières et obtenir de sa bouche une parole de consolation. Déjà même on citait plusieurs personnes qui, après un entretien avec la Sainte, avaient renoncé au monde; d'autres converties par ses exhortations, avaient quitté une vie criminelle pour embrasser la vertu. Ainsi, la réputation de sainteté de Colette commençait à remplir le monde. De son côté, Dieu favorisait notre Sainte de visions surnaturelles, de révélations extraordinaires qui lui faisaient connaître, quoique d'une manière obscure, les crimes énormes qui inondaient la terre, les abus qui s'étaient glissés dans l'Église et dans les ordres religieux, et la mission dont elle serait chargée dans le cours de sa vie. En effet, un jour qu'elle était en oraison, nous disent les historiens de l'époque, elle se trouva transportée en esprit sur les bords de l'abîme éternel, et il lui sembla voir une multitude innombrable de réprouvés roulant dans une flamme de feu, en proie au plus furieux désespoir, maudissant Dieu et se maudissant eux-mêmes, appelant sans cesse la mort à leur secours et ne la trouvant jamais. Cette vision la jeta dans une telle épouvante qu'elle se tint aux barreaux de fer qui étaient à sa fenêtre, comme si elle eût appréhendé de tomber dans les abîmes éternels. Le Seigneur eut pitié d'elle en lui inspirant une grande confiance en sa miséricorde et une grande compassion pour les pécheurs.

Une autre fois, il lui sembla voir en son ermitage [1], un très-grand arbre couvert d'un feuillage vert, émaillé d'or et couvert de fleurs qui embaumaient sa cellule; et sous cet arbre majestueux, elle en vit plusieurs autres moins grands qui croissaient et semblaient sortir de la racine du grand arbre. Cette vision troubla beaucoup notre Sainte. Elle croyait que c'était une nouvelle ruse du démon qui, n'ayant pu l'empêcher d'avoir confiance en Dieu, voulait au moins la troubler. Aussitôt elle arrache ces arbres et les jette dans un cimetière voisin; mais à l'instant même elle voit, avec surprise d'autres arbres semblables aux premiers. Tout inquiète, sainte Colette se met en prières pour obtenir d'être délivrée de ces apparitions auxquelles elle ne comprenait rien. De son côté, le P. Pinet avait eu, quelque temps avant sa mort, une vision semblable dans laquelle il avait aperçu sainte Colette sous la forme d'une jardinière cultivant une vigne avec le plus grand soin; déracinant, ôtant, coupant les ronces qui pouvaient lui être nuisibles, et plantant elle-même plusieurs ceps nouveaux qui se multipliaient et semblaient grossir à vue d'œil [2]. Le P. Pinet, pour connaître

---

(1) Pierre de Vaux, cap. v. manuscrit de Gand, cap. iv. Surius, cap. ix.

(2) Marc de Lisbonne, cap. v. Pierre de Vaux. cap. iii. Clithou. cap. i. La légende de Gand. Surius, cap. vii.

l'interprétation de ces visions, se mit en prières, pratiqua de rudes austérités pendant neuf jours. Alors Dieu lui fit connaître que la jardinière était Colette, que la vigne était l'état de la Religion de Saint-François, où s'étaient introduits le relâchement, l'insubordination et l'indiscipline; et que sainte Colette, pendant toute sa vie, était appelée à réformer ces abus, et à rétablir les maisons religieuses dans la première observance de la règle.

Nous verrons dans la seconde partie de cet ouvrage, comment sainte Colette, choisie de Dieu pour mettre fin aux maux qui désolaient alors l'Eglise, et réformer les ordres de Saint-François, sut remplir cette double mission.

DEUXIÈME PARTIE.[1]

VIE PUBLIQUE.

CHAPITRE I.

ÉTAT DE L'ÉGLISE A L'ÉPOQUE DE LA RÉFORME.

Lorsque Jésus-Christ jetait les fondements de son Eglise et dressait les colonnes qui devaient soutenir cet édifice impérissable, il n'ignorait pas les tempêtes furieuses, qui se déchaîneraient contre cette Eglise, ni les assauts terribles, que les puissances conjurées de la terre et de l'enfer lui livreraient, ni les efforts incroyables que l'impiété toujours croissante ferait pour soulever et renverser la pierre angulaire de l'Edifice sacré. C'est pourquoi, voulant mettre en garde contre le découragement ses timides apôtres et leurs successeurs, il leur disait en les envoyant à travers le monde qu'ils étaient appelés à évangéliser : « On vous haïra, on vous persécutera, on vous mettra

---

(1) Cette deuxième partie comprend tout le temps que sainte Colette employa pour l'œuvre de la réforme et l'extinction du schisme.

à mort ; mais ne craignez rien. Moi, qui ai vaincu le monde, qui ai triomphé de l'enfer et terrassé le démon, je suis avec vous jusqu'à la consommation des siècles pour vous défendre et vous soutenir. »

Cette prédiction ne tarda pas à s'accomplir ; à peine le Divin fondateur avait-il quitté la terre pour remonter au ciel, qu'une effroyable tempête se déchaîna contre l'Eglise de Jésus-Christ et menaça d'engloutir à jamais dans un déluge de sang les premiers chrétiens avec les apôtres ; mais eux, forts du secours d'en-haut, et méprisant la fureur des persécuteurs, sortirent de la lutte et plus nombreux et plus vigoureux que jamais.

Quelques siècles après, l'enfer livrait à l'Eglise un nouveau combat, et suscitait les hérésies, qui, s'attaquant aux croyances, essayèrent de détacher les fidèles des lumières de la vraie foi pour les entraîner dans les ténèbres de l'erreur. Mais Dieu veillait sur le précieux dépôt de la foi qu'il avait confié à son Eglise, et suscitait pour défendre la vérité contre l'erreur des hommes forts comme les Athanase, les Augustin. Et cette seconde lutte fut aussi pour l'Eglise un nouveau sujet de triomphe.

Enfin, vers le quatorzième siècle, une secousse plus forte que les autres vint pour la troisième fois ébranler l'Eglise de Jésus-Christ. Ce furent les schismes. Jamais l'Eglise, depuis sa naissance, nous disent des auteurs célèbres[1], n'avait été soumise à

---

(1) Bérault-Bercastel, tom. VII, page 355. Rohrbacher. tom. XXI, page 26.

une épreuve aussi terrible que celle qu'elle eut à subir lors du schisme d'Occident. Tous ses fondements en furent ébranlés, et la foi même eût conçu des doutes sur l'immutabilité des promesses de Jésus-Christ si, dans les profondeurs de l'abîme qu'entr'ouvrirent et que creusèrent les passions humaines, on n'avait pas aperçu la pierre éternelle sur laquelle repose l'édifice élevé par Jésus-Christ. Les persécuteurs, tels que Néron et Dioclétien, avaient noyé dans le sang des cités de chrétiens. Les hérésiarques, tels que Arius, Nestorius, Eutychès, avaient entraîné des nations entières dans l'erreur; mais l'autorité de l'Eglise dans ces temps d'épreuve, ne fut point obscurcie par ces scissions; son gouvernement conserva toute sa vigueur. Elle fut comme ces hommes forts qui se retranchent eux-mêmes un membre corrompu, ou comme ces arbres pleins de sève et de vie qui s'élèvent à une plus grande hauteur, quand une de leurs branches se dessèche. Il n'en fut pas ainsi dans le schisme malheureux qui désola l'Occident au quatorzième siècle. Le mal était à la racine, et on en put connaître la grièveté par ses longues et désastreuses suites. L'Eglise, éplorée et inquiète, cherchait de tous côtés son chef et ne le trouvait avec certitude nulle part. C'est alors que les idées d'indépendance et toutes les erreurs destructives de la société chrétienne commencèrent à germer dans les esprits indociles; c'est alors que l'amour et la vénération des peuples pour le centre de l'unité, pour le successeur du Prince des apôtres, s'affaiblirent peu à peu, lorsqu'il fut incertain quel était ce successeur. C'est alors enfin, comme conséquence immédiate, que l'on vit s'énerver avec l'esprit du christianisme, cette force, cette énergie, cette fermeté qui en font le caractère distinctif. Le mal fit de rapides progrès, gagna les diverses parties de l'Eglise, se répandit dans les membres du clergé ; de là il s'infiltra jusque dans les ordres monastiques les plus austères et les plus sévères. Et l'on vit bientôt l'insubordination, le relâchement, le bien-être, les richesses remplacer l'obéissance, la discipline, l'austérité et la pauvreté. L'avenir de l'Eglise se trouvait donc compromis dans ce qu'il avait de plus cher, de plus intime, de plus sacré.

Dieu se ressouvint alors des promesses qu'il avait faites à ses apôtres. Il résolut donc de venir au secours de son Eglise, et de susciter une âme dévouée, courageuse, vertueuse qui sauverait le troupeau en mettant fin au schisme, et guérirait les plaies en réformant les ordres monastiques. Mais à qui confier cette double mission? Dieu ira-t-il chercher des souverains puissants assis sur leurs trônes? confiera-t-il ses ordres à des conquérants fameux par leurs exploits guerriers? ou bien fera-t-il appel au génie, aux talents, à la fortune? Non, Dieu n'a pas besoin du secours des hommes. Souvent il dédaigne leur puissance, leurs trésors, parce qu'ils sont un obstacle à l'accomplissement de ses desseins. Il va chercher ce qu'il y a de plus humble au monde ; il va ramasser ce qu'il y a de plus bas, de plus faible, de plus délicat, afin de faire briller dans tout son éclat, sa force, sa puissance, et de confondre ainsi le vain orgueil des hommes.

Ce sera d'après ces principes que Dieu, au xv° siècle, pour opérer une régénération dans son Eglise, une réforme dans les monastères, choisira de préférence l'humble fille de Corbie, sainte Colette, et qu'il lui fera entendre sa voix comme il le fit autrefois à Judith et à Esther, et qu'il lui commandera de sauver l'Eglise en péril; et comme aussi, quelques années plus tard, il appellera une simple bergère de Domremy, une Jeanne d'Arc, pour sauver la France et changer les destinées de l'Europe.

CHAPITRE II.

SAINTE COLETTE EST CHOISIE POUR LA RÉFORME (1405).

Pendant que les Princes de l'Eglise, sous la conduite de Pierre de Lune, reconnu en France comme Pape, sous le nom de Bénoît XIII, étaient réunis à Nice en Savoie, et délibéraient sur les maux présents qui désolaient l'Eglise de Jésus-Christ, et sur les moyens d'y remédier, Dieu soufflait son esprit sur une pauvre et chétive créature, enfermée dans un coin obscur de la Picardie. Il choisissait, comme l'instrument de ses desseins providentiels sur l'Eglise, sainte Colette que nous avons laissée dans son ermitage de Corbie, toute bouleversée des apparitions qui présageaient sa future grandeur et de la mission qu'elle aurait à remplir. Un jour[1] qu'elle était en oraison, Notre-Seigneur lui apparut de nouveau accompagné de sa très-sainte Mère et entouré d'une multitude innombrable d'esprits célestes. Son visage était plein de colère, il semblait qu'il voulût détruire le monde pour les crimes que les hommes commettaient en ces temps de schisme et de guerre perpétuelle. Sainte Colette, remplie de frayeur, n'osait lever ses regards

---

(1) Surius, cap. IX. Marc de Lisbonne, cap. V. Clithou, Fodéré.

sur lui, lorsqu'elle vit saint François se jeter aux pieds du Sauveur. Il implora la miséricorde divine pour le monde coupable; et, montrant sainte Colette, il pria le Seigneur de charger cette sainte fille du soin d'opérer la réforme de son ordre, afin que les pécheurs se convertissent et que la colère divine s'apaisât. Elle entendit en même temps la très-sainte Vierge appuyer de tout son crédit la demande de saint François. Mais Colette, remplie de confusion de s'entendre ainsi désigner par son propre nom, pour une mission si sublime, essaya de se persuader que cette vision n'était qu'un jeu de son imagination, et refusa de donner son consentement. Dès ce moment, son âme fut en proie à l'agitation et au trouble, et une circonstance des plus douloureuses vint encore accroître cet état, ce fut la perte de son directeur, le R. P. Pinet, qui l'avait introduite dans son ermitage, et qui seul pouvait calmer les incertitudes, les angoisses qui la dévoraient. Dieu retira ce religieux des misères de ce monde et l'appela à lui, pour lui donner dans le ciel la récompense de ses mérites et de ses vertus. Sa mort arriva au couvent d'Hesdin, l'an 1405[1]. Sainte Colette connut par une révélation le moment de cette mort précieuse, car à la même heure que cette belle âme se détachait de son corps, elle s'écria en présence de plusieurs personnes qui étaient venues la visiter : « Hélas ! mon bon Père Jean Pinet est trépassé à cette heure, et j'ai vu son âme qui est entrée glorieuse en Paradis[2]. » Cette

(1) R. P. Séraphin.   (2) Clithou, Fodéré, Surius, cap. 7.

mort du confesseur de sainte Colette, qui aurait pu lui faire connaître d'une manière plus positive la volonté de Dieu, était donc comme un nouvel obstacle à l'accomplissement des desseins du Ciel.

Mais Dieu fit connaître à notre Sainte sa volonté d'une autre manière. Il y avait alors en Savoie, au diocèse d'Annecy, dans un couvent des Cordeliers de l'étroite observance, un religieux âgé d'environ quarante ans, qui jouissait d'une grande réputation de vertu et de sainteté. Il était issu d'une noble et riche famille et s'appelait Henri de la Balme, ou de la Baume, parce que la ville où il avait pris naissance, était l'apanage de sa famille. L'un de ses frères, nommé Allard ou Adhèlard de la Balme, était seigneur du pays et en habitait le château. Le Père Henri, profondément touché de la situation actuelle de l'Eglise, des désordres qui régnaient partout, et voulant s'affranchir des questions qu'on lui adressait sans cesse à l'occasion du schisme, avait pris la résolution de faire un pèlerinage en Terre-Sainte, et d'attendre là auprès du tombeau du Sauveur que l'Eglise fût réunie sous l'autorité d'un seul chef. Dans ce but, après avoir obtenu la permission de ses supérieurs, le P. Henri avait pris la route de Marseille pour s'embarquer, lorsqu'en passant à Avignon, Dieu lui révéla par l'entremise d'une sainte religieuse Marion-Amante, qu'il le voulait ailleurs que dans la Palestine: « Vous partirez pour la Picardie, lui dit-elle, et vous irez dans une petite ville de cette province, appelée Corbie. C'est là que Dieu s'est préparé une fidèle servante qui doit être l'instrument des grandes merveilles qu'il a dessein d'opérer pour la réforme des ordres de Saint-François et la pacification de l'Eglise. Elle se nomme Colette. C'est vers cette sainte fille que Dieu vous envoie. Votre mission sera de l'assister partout et de la diriger dans les grandes entreprises qu'elle doit accomplir [1]. »

Quelque extraordinaire et imprévue que fût cette révélation, le P. Henri ne crut pas devoir la mépriser, ni résister à la volonté du Seigneur. Il prit aussitôt la résolution d'abandonner son voyage de la Palestine, et de partir immédiatement pour Corbie. Il revint donc sur ses pas en Savoie, et se rendit à Rumilly où habitait Blanche de Savoie, comtesse de Genève, dont il était très-connu et qui avait en lui une pleine confiance.

Quand cette princesse sut tout ce qui était arrivé au P. Henri, et la raison pour laquelle il avait renoncé à son voyage de Terre-Sainte, elle en ressentit une grande joie mêlée de surprise. Puis, pour l'aider dans l'exécution de son pieux voyage, et lever toutes les difficultés qui pourraient se présenter, elle adressa le P. Henri à une de ses amies très-charitable, Isabeau de la Roche, veuve du baron De Brissay [2]. En mourant, son mari lui avait laissé de grands biens en Franche-Comté et en Suisse. Elle pouvait donc aider beaucoup le P. Henri dans son entreprise. En effet, non-seulement la baronne voulut payer les frais du voyage, mais elle demanda comme faveur d'accompagner le P. Henri jusqu'à

---

[1] R. M Perrine.   [2] Les mémoires de Besançon.

Corbie, afin, disait-elle, de contempler la Sainte que Dieu destinait au bien général de l'Eglise et de la religion. C'est ainsi que Dieu aplanissait toutes les difficultés qui semblaient insurmontables et préparait l'exécution de ses desseins. Le P. Henri et la baronne De Brissay se rendirent donc à Corbie auprès de sainte Colette pour lui faire connaître la mission que Dieu lui réservait. La chose était bien claire; il était impossible de méconnaître la voix de Dieu. Et pourtant sainte Colette était si humble, si remplie du sentiment de sa faiblesse, de son indignité qu'elle ne voulut pas encore donner son consentement pour cette entreprise. « Non, non, cela n'est pas possible ! s'écriait-elle, quoi ! une indigne pécheresse comme moi pour une telle mission ! O mon Dieu ! n'est-ce pas assez que vous ayiez pitié de moi et que vous oubliiez mes iniquités. »

Enfin, Dieu, pour vaincre la résistance de son humble servante, eut recours à des moyens violents. Il la priva pendant six jours de l'usage de la parole et de la vue. Alors, notre Sainte, abattue, terrassée en quelque sorte comme Zacharie père du précurseur de Jean-Baptiste ou comme Saul, sur le chemin de Damas, se résigna à la volonté de Dieu et s'abandonna entre les mains de la providence pour accomplir ses desseins adorables.

CHAPITRE III.

SAINTE COLETTE SORT DE SON ERMITAGE (1406).

Le R. P. Henri, après s'être assuré du plein consentement de la sœur Colette pour l'œuvre de Dieu, se mit en devoir d'obtenir des supérieurs ecclésiastiques toutes les autorisations et les dispenses nécessaires pour le vœu de clôture. Il se rendit d'abord à Paris auprès du légat apostolique Antoine Chaland, cardinal diacre du titre de Sainte-Marie, pour présenter la supplique de sœur Colette [1]. De là il vint à Amiens auprès de l'évêque Jean de Boissy qui avait été délégué pour vérifier la supplique. La dispense fut accordée sans peine, par un rescrit en date du 1er août 1406. Mais, afin de ménager la susceptibilité du R. P. Abbé de Corbie, qui pouvait avoir des droits sur la recluse, on mit pour condition, que sainte Colette, en quittant sa clôture, entrerait dans un ordre religieux de l'ordre de Saint-Benoît, ou de Saint-François, à son choix. De même, pour éviter toute opposition de la part des habitants de Corbie qui avaient en grande estime la recluse, on ne fit part du projet qu'au dernier moment du départ.

(1) Clithou.

Quand toutes les difficultés furent ainsi aplanies, les permissions obtenues et les préparatifs du voyage terminés, sainte Colette dit adieu à sa chère solitude, non sans verser des larmes, ni sans témoigner de vifs regrets. Elle se sépara de toutes ses compagnes qu'elle avait édifiées par ses vertus, assistées de ses conseils et encouragées dans le bien par ses exhortations, leur promettant de ne jamais les oublier devant le Seigneur et de venir les revoir bientôt. Enfin elle se mit en voyage sous la direction du R. P. Henri de la Balme, et en la compagnie de la comtesse de Brissay.

Le but de ce voyage, comme on le sait, était d'obtenir du Pape l'autorisation nécessaire pour la réforme des ordres de Saint-François dans le royaume de France. Or, comme l'Eglise était alors partagée en deux obédiences, et que les fidèles reconnaissaient deux papes, Benoît XIII et Grégoire XIII, il était tout naturel, sans préjuger lequel des deux était le véritable, que Colette s'adressât à celui qui était reconnu par la France. Sans cela comment aurait-elle pu entreprendre son œuvre? Voilà pourquoi elle partit pour Nice en Savoie, où se trouvait alors Benoît XIII, qui était reconnu pour le chef souverain de l'Eglise catholique et le successeur de saint Pierre, par les Français, les Arragonais, les Castillans, les Portugais, les Ecossais, les Napolitains. D'ailleurs, les conciles qui se tinrent en ces temps d'incertitude, pour rassurer les consciences, avaient déclaré qu'on devait se soumettre au Pape reconnu dans la province qu'on habitait, jusqu'à ce qu'un concile général se fût prononcé sur le Pape légitime. De son côté, la Faculté de Théologie de Paris avait ordonné, dans une assemblée générale, qu'on devait obéir à Benoît XIII, reconnu par la France, ordonnance qui fut confirmée par tous les docteurs de l'université. Enfin, saint Antonin déclare : Quoiqu'il soit nécessaire de croire qu'il n'y a qu'un seul chef visible de l'Eglise, s'il arrive cependant que deux Souverains Pontifes soient créés en même temps, il n'est pas nécessaire de croire que celui-ci ou celui-là est le Pape légitime ; il faut croire seulement que le vrai Pape est celui qui a été régulièrement élu, et le peuple n'est point tenu de discerner quel est ce Pape ; il peut suivre en cela la conduite et le sentiment de son pasteur particulier.

Il est donc facile, après tous ces témoignages, d'expliquer [1] comment sainte Colette alla trouver Benoît XIII, qui n'était qu'un antipape, sans qu'on pût l'accuser d'avoir adhéré au schisme. Elle était trompée, comme beaucoup d'autres sur la personne du véritable vicaire de Jésus-Christ, croyant Benoît XIII, légitime successeur de saint Pierre. Le grand saint Vincent Ferrier, l'apôtre de l'Europe, s'y trompa aussi comme sainte Colette pendant un temps. Dieu permettait ces obscurités afin de mieux faire paraître l'assistance qu'il donne à son Eglise, car il n'y a pas d'exemple dans l'histoire, qu'un royaume ait résisté aux déchirements d'une division aussi longue, aussi enracinée dans l'esprit des peu-

---

(1) R. P. Ribadeneira, tome III.

ples. Plus que toute autre, l'Eglise Romaine, fondée sur l'autorité du Saint-Siége, y devait périr, puisque cette autorité, comme nous l'avons vu au commencement de la seconde partie de cette vie, semblait avoir disparu ; elle se releva cependant, et l'éclatant soleil de vérité, qui éclaire le monde catholique, sortit plus radieux des nuages qui l'avaient pour un instant obscurci. Ainsi, Dieu montre la force de son bras, et prouve que les causes ordinaires de ruine pour les sociétés humaines comme pour les familles ne sauraient détruire la société religieuse qu'il a fondée et l'édifice qu'il a construit sur la pierre angulaire.

Au reste, disons, s'il en est besoin pour la justification de notre Sainte, aussitôt qu'elle reconnut l'erreur dans laquelle elle était tombée, elle se hâta d'abandonner le parti de Benoît XIII, et de faire profession d'obéissance envers Martin V, qui venait d'être élu au concile général de Constance. En effet, sainte Colette partit immédiatement pour Rome, et alla se jeter aux pieds du Souverain Pontife. Le Pape l'accueillit avec bonté, suppléa à toutes les permissions, autorisations et concessions de Benoît XIII.

Comme on le voit, ces explications que nous avons données ici, jettent un jour sur la situation de l'Eglise à cette époque du schisme, et justifient pleinement la conduite de sainte Colette se rendant à Nice auprès de Benoît XIII, reconnu comme pape par la France.

CHAPITRE IV.

SAINTE COLETTE VA TROUVER LE PAPE A NICE (1407).

En quittant la ville de Corbie, pour se rendre à Nice, sainte Colette, toujours sous la direction du R. P. Henri, qui à partir de ce jour ne la quitta plus, voulut passer par Paris pour remercier le cardinal Légat, de la bienveillance et de la célérité qu'il avait mises à répondre à sa requête. De Paris, on se dirigea vers Dijon et vers la ville de Bourg en Bresse, car le P. Henri avait promis au duc de Savoie, qui résidait en cette ville, de lui ménager une entrevue avec la Sainte. Enfin, on arriva à Rumilly, où résidait Blanche de Savoie avec Mahant de Savoie, sa nièce. Ce fut avec les sentiments de la joie la plus vive, de l'admiration la plus grande, que la comtesse de Savoie reçut sainte Colette et ses illustres compagnons de voyage [1]. Elle connaissait déjà de réputation notre Sainte, par tout ce que lui avait appris de merveilleux le P. Henri. Mais elle voulait de plus contempler cette sainte fille que Dieu appelait à une mission si grande. Aussi fut-elle saisie d'un saint respect quand elle la vit, et l'entendit parler.

(1) R. P. Jacques Fodéré, page 3.

Elle offrit donc avec bonheur l'hospitalité à sainte Colette, dans son château. De plus, elle voulut user de tout son crédit, pour aider la Sainte dans la mission qu'elle entreprenait, comme elle avait aidé le P. Henri dans son voyage. A cet effet, pour lui ménager une entrevue avec le Pape, elle écrivit une lettre à Benoît XIII dont elle était parfaitement connue, et auprès duquel elle avait du crédit, étant la nièce de Clément VII, à qui Benoît XIII avait succédé, et dont il avait été deux fois le légat en France et en Espagne. C'est lorsqu'il était légat en France que Benoît XIII, alors Pierre De Lune, vint à Abbeville[1] et accorda une indulgence plénière aux religieuses de Saint-Pierre, pour la fête de sainte Agnès, dont le chef précieux était conservé dans la trésorerie. La bulle qui accordait cette indulgence plénière est datée du 16 avril 1393. Enfin, comme si elle n'avait pas fait assez, la comtesse députa auprès du pape Benoît XIII, une des dames attachée à son service[2], lui confiant toutes les pièces relatives à la mission de Colette, la chargeant de préparer toutes les voies auprès du Saint-Père et de solliciter une audience. Tout marchait pour le mieux, lorsqu'une circonstance des plus étranges faillit mettre à néant toutes ces belles espérances. Car le démon, jaloux sans doute de voir Colette réussir dans son entreprise, s'attaqua à la personne

---

(1) R. P. Séraphin.
(2) Surius, cap. X. Pierre de Vaux, cap. VII. Michel Notel, cap. V.

députée par la comtesse de Savoie auprès du Pape. Il s'empara d'elle et la rendit entièrement folle, au point qu'elle faisait des extravagances, déchirait ses vêtements, proférait des paroles inconvenantes, tout en demandant à grands cris de parler au Pape. Tous les habitants de Nice étaient scandalisés de voir et d'entendre de pareilles choses; plusieurs parlaient même de la saisir pour l'enfermer. Mais Dieu veillait sur son œuvre. Des personnes charitables, sans trop se rendre compte de ce qu'elle faisait, nonobstant ses folies, conduisirent la dame au palais du Souverain Pontife. Elle avait à peine mis le pied dans le palais, qu'à la grande admiration de tout le monde, sa folie cessa, comme par miracle. Elle fut donc présentée au Pape. Alors elle exposa si bien la cause de la sœur Colette, sa mission providentielle, que le Saint-Père, sans plus tarder, accorda immédiatement l'audience que sollicitaient sainte Colette et ses illustres compagnons de voyage. Cette dame se retira le cœur rempli de joie et de reconnaissance envers Dieu, qui avait si bien disposé toutes choses, et accordé sa protection si visiblement pour l'entreprise de sainte Colette [1]. C'est ainsi qu'elle vint apporter à Rumilly la nouvelle de l'audience du Pape. Aussitôt, nos illustres voyageurs se rendirent à Nice pour présenter leur requête au Saint-Père.

(1) R. M. Perrine.

CHAPITRE V.

SAINTE COLETTE EST INSTITUÉE RÉFORMATRICE (1407).

Quand le jour fixé pour l'audience fut arrivé, le R. P. Henri de la Baume, sainte Colette et la baronne de Brissay se rendirent au palais du souverain Pontife. Le pape était alors entouré de la cour des cardinaux. Dans cette circonstance solennelle, voulant montrer quelle estime et quelle vénération il avait pour la religieuse de Corbie, au moment où sainte Colette parut, il se leva de son trône et alla lui-même la recevoir[1]. L'étonnement des cardinaux était à son comble, car il était inouï qu'un Souverain Pontife eût rendu un tel honneur à une si chétive créature.

De son côté, la pauvre Colette, confuse de se voir l'objet d'une semblable distinction de la part du Pape, se précipita humblement à ses pieds pour les baiser respectueusement. Ce fut alors qu'elle présenta sa supplique qu'elle avait elle-même rédigée, et qu'elle exposa de vive voix l'objet de sa visite. Dans cette supplique, elle demandait deux choses :

---

(1) P. de Vaux, cap. vi. Surius, cap. x. Marc de Lisbonne, cap. viii. Clithon, cap. ii.

La première, qui regardait sa personne, c'était d'être admise à faire profession dans l'ordre des filles de Sainte-Claire et de pouvoir y observer la règle primitive dans toute sa rigueur. La seconde, qui regardait la réforme des trois ordres du séraphique Père saint François, était de pouvoir s'associer les personnes qui voudraient adopter cette manière de vivre, telle que sainte Claire l'avait établie pour ses communautés.

Benoît XIII reconnut facilement la justesse de ces deux demandes[1]. Il les aurait immédiatement accordées à la sœur Colette; mais il voulait auparavant interroger la Sainte, apprendre de sa bouche toutes les faveurs extraordinaires dont Dieu l'avait favorisée, les luttes qu'elle avait eues à soutenir, et la manière dont elle en avait triomphé. Lorsque le Pape se fut convaincu par lui-même que l'œuvre de la réforme était une œuvre inspirée du Ciel, il soumit la requête de Colette à l'approbation des cardinaux. Sainte Colette devait rencontrer là une dernière opposition, car la plupart des cardinaux trouvèrent d'abord que l'ordre de Saint-François n'était pas tellement déchu qu'une réforme fût absolument nécessaire; ensuite ils firent remarquer que, supposé même la réforme nécessaire, le moment était inopportun à cause de la situation actuelle de l'Eglise. Enfin, ils ne concevaient point, comment une simple fille de vingt-cinq à vingt-six ans, sans instruction, sans crédit, sans ressources, pouvait se croire appelée

---

(1) Clithou, cap. II.

de Dieu à réformer un ordre religieux tel que celui de Saint-François, ni comment un religieux conventuel, éclairé et instruit comme l'était le P. Henri, avait pu s'intéresser à un projet si hardi et si téméraire que celui de la religieuse Colette. Les cardinaux déclarèrent en conséquence au Saint-Père, que le projet de réforme devait être ajourné indéfiniment, et que les suppliants devaient être congédiés.

L'opposition des cardinaux au projet de Colette, comme on le voit, était très-sérieuse, et il ne fallait rien moins qu'une intervention toute céleste pour en triompher. Elle ne tarda pas à se manifester de la manière la plus éclatante. Car, pendant qu'à la Cour pontificale, on délibérait sur la requête de Colette, une épidémie des plus dangereuses éclata dans la ville de Nice et aux environs. Le fléau s'attaqua d'abord aux gens de la basse classe, puis aux riches, et enfin aux cardinaux. Et ce qu'il y eut de plus surprenant, c'est que tous les cardinaux qui avaient montré le plus d'opposition à la réforme, furent les premières victimes [1]. Il était impossible de s'y méprendre. C'était une punition du Ciel. Le Saint-Père et les autres cardinaux le proclamèrent ouvertement. En conséquence, la suppliante Colette qu'on avait congédiée, fut rappelée en toute hâte. Le bref apostolique fut rédigé et approuvé en sa présence. D'après ce bref, Colette Boellet, native de Corbie au diocèse d'Amiens, était établie Abbesse générale et Réformatrice des trois ordres de Saint-

---

(1) Sœur Perrine.

François, et en particulier des filles de Sainte-Claire déjà professes, comme de celles qui feraient profession à l'avenir ; avec pouvoir de construire des monastères nouveaux, et faculté de choisir les confesseurs pour ces monastères. De son côté, le R. P. Henri de la Balme, religieux cordelier de l'étroite observance, fut nommé supérieur général des religieux et religieuses réformés de Saint-François, sous l'autorité de la sœur Colette, réformatrice générale de l'ordre entier[1]. De plus, un des deux généraux de l'ordre des Frères-Mineurs, (car cet ordre était divisé en deux partis, aussi bien que toute l'Eglise, durant le grand schisme d'Occident), se trouvant alors auprès du Pape, donna tout son pouvoir à notre Sainte, afin qu'elle pût exécuter sa pieuse entreprise.

Enfin, le Pape Benoît XIII, non content d'avoir approuvé la requête de sainte Colette, et de lui avoir accordé tous les pouvoirs nécessaires pour l'œuvre de la réforme, voulut encore lui accorder une autre faveur : celle de la revêtir de l'habit religieux des Clarisses, de lui donner le voile et de recevoir entre ses mains les vœux qu'elle devait prononcer. Ce fut le 4 octobre 1407 qu'eut lieu cette touchante cérémonie, en présence des Cardinaux, Archevêques, Évêques, Abbés, Prieurs et de plusieurs autres personnages de la cour. Le pape y fit un magnifique discours sur la vie évangélique ; après quoi il dispensa la religieuse de l'année de noviciat, l'absout

---

(1) Surius, cap. x. R. P. Fodéré. Clithou.

de toutes les irrégularités, et reçut sa profession par laquelle elle s'engageait par vœu à observer la règle de Sainte-Claire, telle qu'elle l'avait reçue des mains de saint François d'Assise. Enfin, il lui donna l'habit de l'Ordre, la corde et le voile. Après la cérémonie, il adressa à la religieuse une touchante exhortation dans laquelle il engageait la nouvelle supérieure à observer fidèlement la règle, à se conduire prudemment dans l'exécution de la Réforme, et à faire des progrès dans la voie de la perfection [1].

En même temps, le Pape recommanda particulièrement au R. P. Henri, confesseur de la Sainte, de l'assister en tout et partout, de ne l'abandonner jamais; puis il lui donna sa bénédiction apostolique.

Dans ses touchantes recommandations, le saint Père n'oublia point la comtesse de Brissay, qui avait mis sa fortune à la disposition de la sœur Colette et qui l'avait accompagnée jusqu'à Nice [2]. Il la pria de continuer les mêmes services auprès de la Sainte; et pour la remercier, il lui accorda, en échange des biens temporels, plusieurs indulgences et bienfaits spirituels.

Il serait impossible de décrire la joie et le bonheur dont étaient inondés les cœurs de ces trois personnages au moment où ils quittèrent le saint Père, après avoir reçu sa dernière bénédiction. Ils ne pouvaient se lasser d'admirer toutes les faveurs, les honneurs dont ils avaient été comblés. Ce fut comme un cri de reconnaissance qui s'échappa de leur cœur,

---

(1) Pierre de Vaux. cap. IV.   (2) R. P. Fodéré.

pour remercier le saint Père, pour adorer les desseins de Dieu qui les avait si bien protégés, si bien dirigés dans cette entreprise difficile, et qui avait renversé les obstacles d'une manière si éclatante. Mais cette joie qui inondait le cœur de Colette, n'était pas sans mélange de tristesse et de douleur [1] : elle si humble, si faible à ses yeux. Elle était venue à Nice pour accomplir la volonté de Dieu, pour se faire religieuse professe de Sainte-Claire ; mais elle ne croyait nullement devenir Mère Abbesse et Réformatrice générale. Aussi dans son humilité se trouvait-elle incapable de porter un tel fardeau, et confuse de se voir déjà entourée d'honneurs et de respect. C'est pourquoi, elle renvoya immédiatement auprès du saint Père, le R. P. Henri, pour le supplier de la décharger de ce fardeau trop lourd pour sa faiblesse. Mais le saint Père, admirant cette humilité de Colette, ne fit que la confirmer dans les fonctions et les titres qu'il lui avait donnés. Comme gage de son affection paternelle, et comme remède aux afflictions de la nouvelle Réformatrice, il lui fit présent d'un beau bréviaire doré sur tranche et d'un petit livre qui contenait les règles et constitutions de Sainte-Claire. Ce bréviaire, d'après le témoignage du R. P. Sellier de la Compagnie de Jésus, est resté au monastère de Besançon, où on l'a conservé comme une relique jusqu'à la révolution. Ayant échappé au vandalisme révolutionnaire, il se trouve maintenant au couvent de Poligny, avec plusieurs objets vénérables qui ont appartenu à la sainte de Corbie.

(1) Surius, cap. x.

CHAPITRE VI.

COMMENCEMENT DE LA RÉFORME (1407).

Après avoir été investie de tous les pouvoirs concernant la réforme, sainte Colette, pour répondre aux intentions du Souverain Pontife qui lui avait assigné les trois diocèses de Paris, d'Amiens, et de Noyon, voulut commencer son œuvre, en établissant un ouvent dans son pays natal, Corbie, ville de la Picardie. Elle y avait laissé de pieuses compagnes dont elle voulait se servir pour jeter les fondements de la Réforme.

Dans cette pensée, elle quitta la ville de Nice avec le R. P. Henri et la baronne de Brissay, qui ne les quitta plus jusqu'à ce qu'elle allât recevoir en paradis la récompense de ses bonnes œuvres ; et on se mit en route pour la Picardie. Mais les épreuves, qui sont la condition de toute œuvre importante en ce monde, attendaient la réforme à son début. En effet, à peine nos pèlerins s'étaient-ils mis en marche que la sainte Abbesse tomba dangereusement malade [1] : sa maladie était étrange ; tantôt sainte Colette était si serrée à la gorge qu'à peine pouvait-elle respirer ;

(1) P de Vaux, cap. xiv. Surius, cap. xxxix.

d'autrefois, sa langue se retirait au fond du gosier et ne pouvait articuler une seule parole. Les médecins qu'on avait appelés en toute hâte, ne savaient que dire, ni que prescrire pour ce mal. Après avoir bien examiné la malade, ils avouèrent tous que ces accidents avaient quelque chose d'étrange, qui échappait aux lois ordinaires, qui n'était point prévu par Gallien, et qu'il fallait l'attribuer à une cause surnaturelle. Le R. P. Henri et la baronne, en voyant la position désespérée de la sœur Colette, étaient dans la plus profonde affliction. Sans doute, se disaient-ils, Dieu voulait se contenter de leur bonne volonté, comme autrefois il se contenta de celle de son serviteur Abraham, prêt à immoler son fils unique. Ils se résignaient donc à tout ce qui devait arriver, et n'attendaient plus de secours que d'En-Haut. Leur confiance ne devait pas être frustrée; car à peine eurent-ils prié Dieu et imploré la protection de la sainte Vierge, que la religieuse Colette recouvra instantanément la santé. Cette guérison parut miraculeuse, même aux yeux des médecins qui avaient avoué l'impuissance de leur art. Quelques jours après, la sainte réformatrice reprit le chemin de Corbie.[1]

Mais le démon, jaloux de son œuvre, après avoir essayé d'étouffer ses premiers projets, en la rendant dangereusement malade, ne la laissa pas encore tranquille. Il redoubla, au contraire, ses efforts pour

---

[1] Etienne Juliaque, cap. XI. Clithou, cap. II. Marc de Lisbonne, cap. VIII.

la troubler en sa sainte entreprise à Corbie, où elle s'employait de tout son cœur. Il lui fit une si rude guerre, qu'il excita tout le monde contre la sainte Réformatrice. — On se moquait d'elle, on lui disait des injures; on allait jusqu'à l'appeler magicienne, sorcière, visionnaire. L'affaire en vint à ce point que ceux des habitants de Corbie qui l'avaient honorée et respectée avant son départ pour Nice, l'injuriaient maintenant, la bafouaient, et en faisaient moins de cas que d'un chien. Car personne ne voulait ni la loger, ni la recevoir, ni lui donner à manger. La sainte fille ne savait où elle en était. Son unique recours était en Dieu, qui n'abandonne jamais les siens, et les assiste toujours au moment où tout semble désespéré.

Nous ne devons point nous étonner, ni nous plaindre de cette opposition que sainte Colette rencontra à son début; ni des railleries, des critiques auxquelles elle fut en butte. Car, fonder une maison religieuse, c'est créér un foyer de vertu, une source intarissable de dévoûment à Dieu et aux hommes, pour nous servir du langage d'un écrivain célèbre. C'est placer au milieu d'une société un asile où l'âme se recueille loin des vains bruits du monde, se fortifie dans l'obéissance, se transfigure dans l'humilité, et morte à elle-même, embrasée du pur amour de Dieu, répand autour d'elle cette bonne odeur de Jésus-Christ qui sollicite les âmes à la vertu. Est-il donc étonnant que les fondateurs ou les Réformateurs d'Ordres religieux aient été, plus que personne, en butte aux calomnies, aux outrages, aux persécutions, même les plus violentes.

L'opposition que Colette rencontrait dans son pays natal au début de la réforme, était propre à la décourager, à la rebuter. Il en fut tout autrement. Elle ne fit qu'enflammer son ardeur, ranimer son courage. Et quoique pour le moment elle fût obligée de renoncer à fonder un monastère à Corbie, plus tard elle revint à la charge, tant elle avait à cœur le bien de son pays. Mais, par un dessein providentiel qu'il ne nous est pas permis de sonder, elle ne put jamais réussir dans cette pieuse entreprise; alors même que tout était prêt pour la construction du monastère, comme elle l'atteste elle-même dans une lettre où respirent la charité la plus ardente et l'humilité la plus profonde. Cette lettre datée du 2 mars 1446 est adressée aux Seigneurs et aux religieux de Corbie. Nous la reproduisons telle qu'elle est sortie de la plume de sainte Colette.

Jésus

A mes très-honorés et révérends Seigneurs, Messeigneurs le Prieur, et les religieux du couvent de Corbie.

Très-honorés et Révérends Seigneurs, le plus très-humblement que je puis et sais, en vos saintes prières, et dévotes oraisons, devant Notre-Seigneur Jésus-Christ ma pauvre âme je recommande. Et vous plaise savoir que j'ai reçu vos lettres qu'il vous a plû m'écrire et envoyer, lesquelles contiennent comment Monseigneur de Saveuse veut édifier un monastère de notre Religion en votre ville de Corbie, et plusieurs autres choses touchant icelle matière, qui seraient longues à réciter. Sur lesquelles lettres et le contenu d'icelles je vous certifie que non pas à ma requête, mais à l'instance et requête de mon dit Seigneur de Saveuse, par licence et autorité de notre saint Père le Pape, et du consentement et bon plaisir du R. P. en Dieu Monseigneur de Corbie, donné et octroyé au dit Seigneur de Saveuse, pour l'honneur souverain et parfait amour de Dieu, l'exaltation de son sanctissime nom, et l'augmentation de son saint service, et pour le salut des âmes et l'accroissement du bien spirituel et temporel de la dite ville, à l'édification et construction du dit couvent j'ai consenti, non pas qu'oncques j'eusse désir, intention, ni volonté que le dit couvent fût à votre Seigneurie ou Juridiction préjudiciable, ni aux Eglises, ni aux pauvres privés ou étrangers dommageable. Car, si ainsi était réellement, et fut le dit monastère par votre consentement et bon plaisir construit et parfaitement édifié, je n'y voudrais pas habiter ni demeurer : car ce serait usurper à autrui.

Mais je crois devant Dieu que la dite construction serait à l'honneur de Dieu et de vous, et à la recommandation de votre monastère et au profit d'icelui, et au confort de vous et de tous les habitants de la ville ; ainsi comme je l'ai toujours vu et su par expérience en tous les lieux où nos autres couvents furent édifiés, desquels il y a eu de grandes et moyennes villes, et petites, et plus petites, et plus pauvres que n'est Corbie : mais par la bonté de Dieu je ne vis oncques qui ne fussent pourvus, sans faire préjudice, ni dommage à autrui, ni les Seigneurs, ni les habitants réguliers, ni séculiers, ni eurent oncques de l'honneur, ni dommage : mais spirituellement et corporellement ils y ont profité et été consolés et confortés.

Vous me requérez que je veuille me désister de l'édification dudit couvent; laquelle chose je fais à regret : car je ne doute pas qu'une fois devant le Seigneur qui juge, il ne vous convienne de rendre compte d'empêcher un si grand bien. Néanmoins à votre requête je signifierai audit Seigneur, qu'il se veuille déporter dudit couvent, et laisser l'ouvrage; et que vous êtes tous conclus que vous ne souffrirez jour de vos vies, que le dit monastère soit édifié, tant que votre résistance y puisse valoir.

Très-honoré et religieux Seigneur, je prie humblement le Saint-Esprit, que toujours il vous veuille conserver en sa sainte grâce, et finalement octroyer la grâce perdurable.

Ecrit à Hesdin le 2e jour de mars 1446.

Votre inutile Oratrice,
Sœur Colette.

Sainte Colette se voyant pour ainsi dire chassée de son pays, abandonna la Picardie, avec deux de ses anciennes compagnes qui voulurent entrer dans la Réforme. Ce furent Marie Sénéchal[1] et Guillemette Chrétienne[2]. Le P. Henri conduisit sainte Colette en Savoie chez son frère Allard de la Balme, Seigneur

---

(1) Elle devint par la suite supérieure du couvent de Seurre, en Bourgogne.

(2) Elle devint supérieure du couvent d'Hesdin.

du pays. Sainte Colette s'installa dans son château avec ses compagnes, en attendant que la comtesse de Genève eût mis à sa disposition le château qu'elle possédait en ce pays et qui devint le berceau de la Réforme. La charité du seigneur Allard ne fut pas sans récompense; car, peu de temps après l'arrivée de la Sainte, sa femme, qui souffrait horriblement, accoucha sans douleurs d'une fille qui reçut au baptême le nom de Pétronille, par abréviation Perrine. Dans la suite, cette fille se mit sous la conduite de sainte Colette et devint une des gloires de la Réforme. Les précieuses dépositions touchant la vie de sainte Colette, auxquelles nous avons eu recours, sont de cette sœur Perrine, qui vécut pendant longtemps dans l'intimité de la sainte Réformatrice. Le seigneur Allard avait encore une autre fille, nommée Odille, qu'il fut heureux de donner à la Sainte pour commencer sa réforme. — Cet exemple fut imité; car bon nombre de jeunes filles de toutes conditions vinrent se ranger sous sa règle; et quoiqu'elles vécussent encore dans une maison séculière, elles ne laissèrent pas que d'observer exactement les constitutions de la vie religieuse.

Tels furent les premiers rejetons de cet arbre mystérieux de la Réforme, que sainte Colette avait vu en songe, et qui, par la suite, devait étendre ses rameaux puissants dans le monde catholique.

CHAPITRE VII.

PROGRÈS DE LA RÉFORME.

Si les limites étroites dans lesquelles nous sommes forcés de nous restreindre ne nous en empêchaient, nous suivrions pas à pas les immenses progrès de la Réforme de sainte Colette. Nous serions alors témoins des résultats merveilleux qu'elle obtint partout. Car sa marche à travers les provinces de Savoie, de Genève, de Bourgogne, de Flandre, d'Artois, du Cambrésis, de la Picardie, de la Normandie, de la Lorraine, de la Petite-Bretagne, du Dauphiné, du Bourbonnais, du Nivernais, du Velay, du Languedoc, fut un véritable triomphe.

Nous voudrions également assister à la fondation, à la formation et aux développements de chacun des monastères tant d'hommes que de femmes, que la Sainte établit à Besançon, Auxone, Poligny, Seurre, Décise, Moulins, Aigue-Perse, Viviers, Orbe, Castre, Lésignan, Béziers, Puy, Hesdin, Amiens, Gand, Pont-à-Mousson, Heidelberg, Dôle, Belley, Châlons, Rogemont, Nozeret, Salière, Beuret, Thon, Doullens, Murat et Azile ; notre admiration serait au comble, en voyant ces traces glorieuses du passage de notre Sainte, et l'empressement que les peuples montraient pour la Réformatrice. Car de tous côtés on se disputait l'honneur de la posséder. Dans toutes les villes on voulait des religieux et religieuses de son Ordre. Et pour y parvenir, on allait au-devant de ses désirs. Ainsi dans la Savoie, la comtesse de Genève lui offrait son château pour fonder le premier Noviciat. A Besançon, les habitants, après en avoir sollicité la permission du Saint-Siége, installaient en grande pompe la Réformatrice dans le couvent des Urbanistes. Dans la province de Vaud, la princesse d'Orange, à l'insu de sainte Colette, faisait bâtir un monastère prêt à recevoir les Religieuses réformées. Dans le Velay, la vicomtesse de Polignac bâtissait celui du Puy. Dans la Bourgogne, la duchesse Marguerite de Bavière, dans la crainte de ne pas posséder des religieuses de Sainte-Colette lui écrivait. « Choisissez dans les états de Bourgogne telle ville qu'il vous plaira. Je me ferai un bonheur de vous seconder et de vous aider dans vos saintes entreprises. » Le roi de France lui-même, Charles VII, ne crut pas trop faire envers la Sainte, en fournissant les fonds nécessaires pour la fondation d'une maison au Puy, réclamant, comme faveur insigne, d'avoir une part dans les prières de la Sainte. Tant était grand le crédit et l'estime que sainte Colette s'était acquis parmi les puissants de ce monde.

Aussi, la réputation de Colette ne tarda pas à se répandre, non-seulement en France mais en Espagne, en Portugal, en Allemagne, en Belgique et dans les Pays-Bas. C'est alors que l'on vit accourir autour de notre Sainte tout ce que le monde comptait de plus noble, de plus illustre, de plus distingué. Ainsi la duchesse de Valentinois, la princesse Isabeau de Bourbon, la comtesse de Genève, le duc et la duchesse de Lorraine, le roi Jacques de Bourbon, le Comte d'Armagnac et tant d'autres personnages, quittèrent volontiers leur palais pour venir passer d'heureux instants dans la cellule de la Réformatrice, et recevoir ses conseils. Et non contents de visiter la Sainte dans ses divers monastères, plusieurs sollicitèrent comme une faveur insigne, d'être reçus au nombre de ses enfants et de vivre sous son autorité.

Bien plus, le prestige que la sainte Réformatrice exerçait autour d'elle, était si grand, que le roi Jacques de Bourbon fit écrire dans son testament, qu'il voulait être enterré aux pieds de la Sainte pour lui servir comme d'escabeau. La princesse Blanche de Savoie réclama aussi le même honneur, en quelque endroit que fût déposé le corps de notre Sainte. Ainsi, non contents de favoriser, d'honorer la sainte Réformatrice pendant sa vie, les grands de ce monde se disputaient encore l'honneur et la gloire d'être auprès d'elle après sa mort. — Ce fut pour le même motif, que deux siècles après, les reines de France et d'Angleterre, voulant montrer combien elles avaient en honneur la Sainte de Corbie, vinrent, dans le couvent des Clarisses d'Amiens, baiser avec le plus profond respect quelques-uns de ses ossements.

Comme on le voit, le parfum de vertu qui attirait tant de grands personnages près de sainte Colette pendant sa vie, subsista même après sa mort. Il en fut de même de l'enthousiasme qui se manifesta pour la réforme qu'elle établit dans un si grand nombre de villes. Le mouvement ne s'arrêta pas à sa mort, mais se perpétua de siècles en siècles d'une manière prodigieuse. Les historiens et entre autres Olivier de la Marche qui a laissé des mémoires, affirment que sœur Colette avait édifié ou réformé plus de trois cents couvents, et le Pape Nicolas V, dans sa bulle *convenit et decet* dit qu'en moins de quarante ans sainte Colette réforma tout l'Ordre de Saint-François et de Sainte-Claire.

Cependant, comme il fallait de grands biens pour les bâtiments et les monastères, que sainte Colette était obligée de faire construire, ou d'entretenir ou d'approvisionner, on pourrait se demander où sainte Colette trouvait l'argent nécessaire, elle qui avait fait vœu de pauvreté et qui voulait que ses filles fussent élevées dans la pauvreté. Elle le trouvait dans la charité des fidèles, dans les aumônes. Mais son principal trésor, c'était sa confiance sans borne en la providence de Dieu. Plusieurs fois, il arriva qu'après avoir adressé au Seigneur une ardente prière, elle trouvait l'argent qui lui manquait. Ses monastères avaient-ils besoin de quelque chose? Dieu y pourvoyait aussitôt. Un jour que l'on n'avait pu faire la quête à cause des guerres qui existaient, une personne vêtue de blanc frappa à la porte du monastère, y déposa un sac rempli de provisions pour la communauté et se retira[3].

Une autre fois que sainte Colette bâtissait un cou-

---

(1) R. P. Ribadeneira, tom. III.

vent pour les religieuses, les fonds vinrent à manquer, et la construction allait être arrêtée. Sainte Colette entra dans sa cellule et implora le secours de Dieu. En sortant, elle trouvait à la porte un sac de cinq cents écus d'or.

CHAPITRE VIII.

SAINTE COLETTE CONTRIBUE A L'EXTINCTION DES SCHISMES.
(1417. - 1439.)

Une des plus grandes gloires de sainte Colette, après la réforme des trois ordres de Saint-François et en particulier des filles de Sainte-Claire, a été d'avoir travaillé à l'extinction des schismes qui, depuis plus de cinquante ans, désolaient l'Eglise de Jésus-Christ. C'était, comme nous l'avons dit plus haut, une des missions que Dieu avait confiées à la Sainte, et pour laquelle il l'avait appelée hors de sa solitude de Corbie. Pour répondre à l'appel et à l'attente du souverain Maître, sainte Colette ne négligea rien. Prières, supplications, austérités, démarches, lettres, voyages, elle eut recours à tous les moyens qui étaient en son pouvoir, afin de procurer à l'Eglise la paix que les schismes avaient troublée d'une manière aussi fâcheuse et aussi préjudiciable au salut des âmes.

Les faits que nous allons rapporter, prouveront de la manière la plus péremptoire, comment cette pauvre fille de Corbie, si faible, si dénuée de secours humains, sut parvenir à son but. Tant il est vrai que Dieu choisit toujours ce qu'il y a de plus faible pour opérer les plus grandes choses.

C'était en l'année 1410, un jour que saint Vincent-Ferrier, une des gloires de l'Espagne, était en oraison à Saragosse, et priait pour la sainte Eglise, si éprouvée en ces temps, il eut un ravissement pendant lequel il vit sainte Colette aux pieds de Jésus-Christ. La Sainte le priait de mettre fin au schisme, et d'user de miséricorde envers les pécheurs qui en étaient la cause. Jésus-Christ fit alors connaître à saint Vincent le grand crédit que la Sainte avait auprès de lui; que c'était sa volonté qu'il allât à Besançon la voir, en prêchant dans les villes de France où il passerait pour y rétablir la religion et la piété, que les schismes et les guerres avaient fort ébranlé ce Royaume; et que, lorsqu'il serait à Besançon, il lui ferait connaître sa volonté et ce qui regardait les intérêts de l'Eglise.[1]

Saint Vincent-Ferrier était alors un des plus grands prédicateurs du monde. Il avait une éloquence à laquelle il fallait se rendre et se laisser entraîner malgré soi; aucun pécheur qui résistât, nul impie qui ne rentrât en lui-même, nul libertin qui ne promît à Dieu sa conversion en entendant ce prédicateur; nul mondain qui ne comprît son aveuglement sur la brièveté du temps et sur l'incertitude de son salut; nul homme de bien qui ne fondît en larmes. Ses discours étaient d'une éloquence si persuasive, si forte, si pathétique, si animée du Saint-Esprit, qu'ils faisaient trembler l'auditoire dès le commencement, et le terrassait à la fin. Ce n'étaient que pleurs, que gémissements pendant le sermon. Tout le monde était cons-

---

(1, S. Laurent. Lib. III.

terné en entendant les vérités éternelles de la manière qu'il les représentait. Tel était saint Vincent-Ferrier. N'écoutant que son zèle et la voix de Dieu qui l'appelait, saint Vincent partit aussitôt pour la France, et arriva à Besançon, où il donna une mission qui dura trois semaines et produisit des résultats merveilleux. Ce fut pendant le temps de cette mission, que saint Vincent vint au couvent des saintes Claires de Besançon, non-seulement pour donner des instructions aux religieuses et les confesser, mais surtout pour conférer avec sainte Colette. Dans ces longues et fréquentes entrevues que les deux saints eurent ensemble, comme on le pense bien, il fut souvent question des maux présents qui affligeaient l'Eglise de Jésus-Christ et des remèdes qu'il convenait d'y apporter. Car bien que le schisme eût été éteint en apparence par la nomination d'Alexandre V, au Concile de Pize, cependant il existait toujours de funestes divisions, à cause de l'obstination de Benoît XIII à conserver sa dignité, et surtout à cause des griefs dont on chargeait presque universellement Jean XXIII, successeur d'Alexandre V. Quoiqu'il fût légitimement élu, sa nomination avait augmenté les troubles de l'Eglise au lieu de les apaiser. Ces troubles durèrent jusqu'à la nomination de Martin V, qui eut lieu en 1417, au Concile de Constance.

Justement alarmés de cet état de l'Eglise, nos deux saints résolurent d'envoyer aux Pères du Concile assemblés à Constance, une lettre dans laquelle ils les engageaient à tenir ferme, disant que le Concile aurait un heureux résultat, qu'il en sortirait un grand

Pape qui mettrait fin au schisme, et rétablirait la paix dans l'Eglise agitée depuis si longtemps. Ce fut l'archevêque de Besançon, Thiébaud de Rougemont, qui se chargea lui-même de remettre cette missive importante aux Pères du Concile. A la lecture de cette lettre, qu'on regardait comme envoyée du ciel, les Pères du Concile ressentirent une joie profonde et une entière confiance, car ils connaissaient le grand mérite et les vertus de sainte Colette et de saint Vincent-Ferrier. De plus, ils avaient appris les nombreux miracles, et les résurrections qu'ils opéraient dans le monde. Enfin, ils savaient que ces deux saints avaient abandonné le parti de Benoît XIII, qui était par son obstination, la pierre d'achoppement du concile.

Aussi, après la lecture de la lettre de sainte Colette, le succès du Concile ne fut plus douteux. Il y eut en effet un accord merveilleux parmi les nations qui composaient l'assemblée. Martin V fut élu Pape, au grand contentement de toute l'Eglise. Ce Pontife, pour justifier la confiance qu'on avait placée en lui, travailla aussitôt à éteindre les troubles qu'avait suscités le schisme, et à rendre la paix à l'Eglise. Le Pape Martin V, appréciant le service que sainte Colette avait rendu à l'Eglise, lui conserva toute sa vie une estime et un attachement sans bornes. Il ne cessa de la combler de faveurs insignes et de grands priviléges pendant toute la durée de son Pontificat. Souvent même, il demanda à la Sainte des prières, tant pour le succès de ses entreprises, que pour la prospérité de l'Eglise : ce qui montre la confiance illimitée, que le Pontife avait en notre sainte Réformatrice.

De son côté, saint Vincent-Ferrier, qui pendant sa mission de Besançon, avait été témoin de la sainteté et des vertus de la Réformatrice de Corbie, et avait apprécié plus que personne, la part active qu'elle avait prise à la pacification de l'Eglise, par son crédit auprès de Dieu et des princes rassemblés au Concile de Constance, voulut également donner à sainte Colette, un gage de l'intérêt qu'il portait à sa personne et à la maison qu'elle dirigeait si bien. Il lui offrit ce qu'il avait de plus précieux dans sa pauvreté, et de plus cher au monde, c'est-à-dire, cette croix de bois qu'il avait apportée de Saragosse, et qui ne l'avait jamais quitté dans ses nombreuses missions à travers la France. Cette croix était en sapin noir, large de deux doigts, haute de quatre à cinq pieds et grossièrement travaillée. On la conserve encore aujourd'hui dans la maison des saintes Claires à Besançon, comme une précieuse relique. Elle se trouve placée au bout d'une galerie, près de l'oratoire de la Sainte [1].

Cependant, sainte Colette, non contente d'avoir contribué par ses prières, ses conseils et ses lettres, à l'extinction du grand schisme d'Occident, ainsi que nous venons de le voir, eut encore l'honneur et la gloire d'avoir éteint le schisme de Bâle, en persuadant au pape Félix V de quitter la tiare, et de reconnaître, comme le seul pape légitime, Eugène IV. En effet, Dieu avait révélé à sainte Colette qu'une nouvelle division se préparait dans l'Eglise. Il lui avait montré l'homme qui devait servir aux desseins de

---

(1) S. Laurent. Liv. III.

Satan : c'était un prince du monde retiré dans la solitude. Il s'appelait Amédée, et avait été duc de Savoie. Touché de la grâce de Dieu et de la vanité des choses de la terre, il avait abandonné le gouvernement de ses états à son fils aîné. Quant à lui, il s'était retiré dans une habitation charmante, située sur les bords du lac de Genève ; et avec quelques amis qui partageaient sa retraite, il menait une vie commode, cherchant plutôt les douceurs de la solitude, que les rigueurs de la vie cénobitique. Sainte Colette connaissait ce prince depuis plusieurs années, car elle lui avait parlé à Chambéry où il l'avait appelée, et à Vevay où il avait fondé un couvent de la Réforme.

Aussi, la peine que ressentit notre Sainte, en apprenant que ce prince devait être l'instrument du démon pour déchirer l'Eglise, en fut d'autant plus vive. C'est pourquoi, à l'instant même, sainte Colette se met en voyage, accompagnée du R. P. Henri de la Balme, et du R. P. de Vaux, dit de Rains ou de Rheims[1], tous deux appartenant à l'ordre de Saint-François et confesseurs de la Sainte. Ils viennent trouver le prince Amédée de Savoie dans sa solitude de Ripailles. Là, sainte Colette révèle au prince ce que Dieu lui avait fait connaître, c'est-à-dire, qu'il serait élu antipape dans trois ans, que son élection serait cause d'un nouveau schisme qui troublerait la paix de l'Eglise ; en conséquence, elle le supplie par ce qu'il y a de plus sacré, par la passion de

[1] Ribadeneira, tom. III.

Jésus-Christ, par l'amour qu'il devait à l'Eglise, par son propre salut, de refuser cette dignité, et de tout souffrir plutôt que de consentir à son élévation au Souverain Pontificat, quand le moment de l'épreuve serait arrivé.

Le prince Amédée fit de belles promesses sans doute à sainte Colette; mais trois ans plus tard, en 1439, comme la Sainte le lui avait prédit, il fut élu pape au concile de Bâle, en opposition au vrai pape qui était Eugène IV. Ce prince dut se ressouvenir alors et de la prédiction de sainte Colette et des promesses qu'il lui avait faites. Néanmoins il succomba à la tentation, tant le cœur humain est un mystérieux abîme de faiblesse et de vanité. On lui fit entendre, que le bien public exigeait qu'il se sacrifiât. Alors, il n'écouta plus ses scrupules, et arriva à Bâle dans le courant de juin 1440, disposé à accepter la papauté !

On se hâta de lui conférer les ordres sacrés, car il n'était que simple laïque, et au mois de juillet suivant, sans avoir fait d'études ecclésiastiques, il fut, dans l'espace d'une semaine, ordonné prêtre, sacré évêque, et enfin couronné pape, sous le nom de Félix V.

Ce fut un deuil universel dans l'Eglise, mais personne, plus que Colette, ne fut affligé de ce nouveau schisme. Elle aurait voulu aller trouver le prince Amédée; mais pour le moment elle crut inutile d'adresser de nouvelles remontrances à un homme qui avait pris son parti, malgré les remords de sa conscience et qui paraissait décidé à ne point reculer.

Elle se contenta d'offrir à Dieu ses larmes avec ses prières, et de conjurer le Ciel d'avoir encore pitié d'un prince moins coupable que ceux, qui, par leur autorité et leur savoir, s'étaient rendus maîtres de sa volonté.

Cette fois encore les prières et les larmes de sainte Colette ne devaient point rester sans résultat.

En effet, il y avait alors en Italie un saint personnage d'un grand mérite, qui, après avoir dit adieu au monde, à sa famille, après avoir renoncé aux plus brillantes dignités, après avoir méprisé les richesses de la terre, s'était enfermé dans un couvent de Pérouse, chez les R. P. Franciscains, afin de mieux servir Dieu, et de travailler plus efficacement à la sanctification de son âme. Ce religieux, c'était saint Jean Capistran, ainsi nommé de Capistrano, petite ville de l'Abruzze, où ses parents, français d'origine et nobles d'extraction s'étaient retirés, après avoir suivi la fortune de Louis d'Anjou. Saint Jean Capistran, après avoir sollicité et obtenu du pape Eugène IV la permission d'attacher à la réforme des couvents, qu'il avait entreprise en Italie, comme sainte Colette l'avait fait pour la France, non-seulement les Frères-Mineurs, mais aussi les religieuses Clarisses, il entreprit, par un dessein providentiel de Dieu, le voyage de Besançon, pour opérer cette réforme. Il se présenta donc au couvent des Clarisses pour annoncer à sainte Colette le but de sa mission. Saint Jean Capistran trouva la Sainte priant et pleurant sur le scandale et les malheurs du schisme du concile de Bâle, qui se portait aux dernières extrémités contre le souverain pontife Eugène IV. Alors, notre Sainte lui fit connaître les révélations qu'elle avait reçues d'en haut, lorsqu'elle était à Lésignan[1] : « Dieu, dit-elle, m'a fait comprendre que l'esprit de division n'était pas éteint dans les cœurs, et qu'un nouveau schisme ne tarderait pas à éclater, qu'il durerait peu, qu'il n'aboutirait qu'à la confusion de ses auteurs et de ses partisans, et qu'il se virait, au contraire, à consolider l'autorité du vicaire de Jésus-Christ. » En terminant, la Sainte ajouta ces paroles : « Je vous dis ceci pour votre consolation et celle du Souverain Pontife. Qu'il mette donc sa confiance en Dieu, car les projets des méchants ne prévaudront jamais. »

Ces paroles de la Sainte consolèrent beaucoup l'homme de Dieu, et l'engagèrent à retourner immédiatement à Florence pour rendre compte au pape Eugène IV, de ce que sainte Colette lui avait révélé de la part de Dieu. En effet, à partir de ce moment, le Souverain Pontife sentit se ranimer en lui le courage et la confiance. Et quoique le vaisseau de l'Eglise fût violemment agité par la tempête, il éprouva un grand calme et une entière sécurité. Sainte Colette, toujours animée de l'esprit de Dieu, ne s'en tint pas là. Elle écrivit de nouveau une lettre fort touchante au prince Amédée, le conjurant pour le salut de son âme, de ne point persister dans le schisme. Puis, elle en écrivit une autre au président du concile de Bâle, qui était le cardinal Julien, du titre

---

(1) P. Sellier. Liv. vi.

de Sainte-Sabine, ainsi qu'aux membres du sacré collége, pour les avertir de tout ce qui devait se faire contre le Pape. Ses prières, ses conseils et ses lettres eurent le résultat qu'on était en droit d'attendre. Car un grand nombre de pères rassemblés à Bâle, ayant à leur tête le cardinal Julien, quittèrent la ville et vinrent à Florence se ranger auprès du Pape. Les autres, qui restaient ébranlés par cette résolution subite, ne tardèrent pas à se rendre, et à quitter également la ville de Bâle. Quant à l'antipape, Félix V, il céda de lui-même aux prières de sainte Colette, et finit par abdiquer la Souveraine Pontificature en l'année 1448. Cette abdication mit fin au malheureux schisme qui avait désolé l'Eglise de Jésus-Christ, et compléta la mission que sainte Colette avait reçue du Ciel pour le plus grand bien de l'Eglise. On ne saurait trop admirer ici la conduite de la divine Providence, qui s'est servie d'une pauvre fille, pour réformer les ordres religieux et éteindre les schismes. Tant est grand auprès de Dieu et des hommes le pouvoir d'une personne, en qui brillent la sainteté et la vertu !

TROISIÈME PARTIE.[1]

VIE MERVEILLEUSE.

CHAPITRE I.

SAINTE COLETTE REÇOIT DES FAVEURS EXTRAORDINAIRES.

Tous les biographes qui ont laissé des écrits sur la Sainte de Corbie, ont reculé devant le côté merveilleux de sa vie. C'est qu'il est peu de créatures qui aient été aussi favorisées du Ciel que la sainte Réformatrice de Corbie. Ravissements, extases, dons des langues, des miracles, des prophéties ; toutes ces faveurs extraordinaires furent accordées par Dieu à sainte Colette. Aussi, si l'on n'avait les témoignages les plus authentiques, les dépositions les plus certaines, les détails les plus circonstanciés à l'appui des faits merveilleux que nous allons rapporter, on serait tenté de croire ces faits impos-

---

(1) Cette troisième partie comprend les faveurs, les dons extraordinaires accordés à la Sainte ; les miracles opérés par son intervention ; les vertus qu'elle pratiqua. Elle se termine à la mort de sainte Colette.

sibles, et de les récuser en doute. Ceux que nous allons rapporter ici, proviennent des sources les plus authentiques et se trouvent consignés dans les Bollandistes.

Pendant que sainte Colette était à Besançon dans le couvent des Urbanistes qu'elle avait réformé, elle eut deux ravissements qui ont mérité d'être consignés dans le procès de sa canonisation. Le premier arriva sur la fin de la Semaine-Sainte, pendant que la Bienheureuse méditait sur la Passion de Jésus-Christ, et il dura trois jours et trois nuits [1]. Pendant ce temps-là, sainte Colette resta à genoux, sans boire ni manger, tenant les mains et les yeux levés vers le ciel, ne voyant rien, n'entendant rien, quelque mouvement qu'on fît autour d'elle. Ce spectacle si nouveau pour la communauté, remplit toutes les sœurs d'une très-grande vénération pour la Sainte, et les pénétra en même temps des plus vifs sentiments de tendresse et de compassion pour les souffrances du Sauveur; car elles attribuaient cette extase à l'impression qu'avaient faite sur la Sainte les douleurs et les souffrances de l'Homme-Dieu.

Le second ravissement fut plus remarquable encore, du moins pour la durée; car la sainte Abbesse resta pendant quinze jours dans une privation totale de ses sens, et tellement ravie en Dieu, qu'on l'aurait crue transformée dans l'état où seront les corps après la résurrection. La Sainte était immobile, à peu près dans l'attitude où l'on représente les

---

[1] Le P. Séraphin. Saint-Laurent. P. Sellier.

anges adorateurs. Que se passait-il dans son âme, dans ces communications si intimes avec son Divin Epoux? Ce sont là des secrets qu'il ne nous est pas donné de connaître, encore moins de dévoiler. Tout ce que l'on sait, c'est que quand sainte Colette revint à elle-même, ses paroles étaient comme des flèches brûlantes qui enflammaient tous les cœurs, et que sa vue suffisait pour faire naître l'amour de Dieu dans les âmes même les plus insensibles.

Le bruit de cette merveille s'étant répandu dans toute la ville de Besançon, chacun avait le désir de voir la sainte Réformatrice en cet état. Mais comme il était impossible de satisfaire cette pieuse curiosité, sans un notable détriment pour le bon ordre de la maison, il fallut restreindre à un petit nombre de personnes la faveur d'être admises dans le monastère. A la fin, le R. P. Henry de la Balme, son confesseur, voyant que le moyen d'arrêter l'affluence de monde et les murmures des mécontents, était d'obtenir la cessation du prodige, il commanda à la sainte Réformatrice, au nom de l'obéissance, de revenir à son état naturel. Ce qu'elle fit aussitôt, tout en conservant les saintes blessures que l'amour Divin avait faites dans son cœur.

Une autre fois, sainte Colette se rendait dans la ville de Dôle pour y établir un couvent. Pendant le chemin elle se trouva tout à coup ravie en extase, les yeux fixés vers le ciel, le visage tout rayonnant de lumières. Toutes les personnes qui accompagnaient la Sainte, et celles qui suivaient furent témoins de ce spectacle étrange. Ils saluaient la Sainte avec beaucoup de respect. Ils baisaient ses pieds et ses mains ; mais elle n'apercevait rien, ni n'entendait, ni ne proférait aucune parole. Ce spectacle dura pendant plusieurs heures [1]. Quand la Sainte revint à elle, elle fut tout étonnée de se voir environnée d'une foule immense qui se pressait autour de sa personne.

Dieu accorda également à la sainte Réformatrice deux autres dons qu'elle posséda pendant tout le reste de sa vie. Le premier fut le don des langues, car la Sainte parlait très-bien le Latin, l'Espagnol, l'Italien, l'Allemand ; sans jamais avoir rien appris de ces langues. Le deuxième fut le don de Prophétie. Sainte Colette pénétrait l'intérieur, le secret des cœurs et le fond des consciences de tous ceux auxquels elle parlait. De même, elle voyait s'ils étaient en état de grâce, s'ils avaient perdu ou recouvré l'innocence.

Ainsi, il y avait à Poligny un gentilhomme qui ne s'était pas confessé depuis trente ans. Il vivait dans les désordres les plus déplorables, lorsque Dieu révéla à sainte Colette les péchés de cet homme. Aussitôt la Sainte les confesse à sa place et en reçoit la pénitence du prêtre, qui devina bien son dessein. Quand le gentilhomme apprit cet acte de charité si extraordinaire, touché de la grâce Divine, il rentra en lui-même, se convertit, et mena désormais une vie chrétienne et pénitente.

Dans une petite ville d'Auvergne, nommée Aigue-Perse, deux scélérats, le mari et la femme, furent condamnés à mort pour leurs forfaits. Loin de se

---

(1) Sœur Perrine, fol. 23, 24. Légende de Gand, cap. 17.

repentir de leurs crimes, ces malheureux ne cessaient de blasphémer tout en allant au supplice. Parmi les spectateurs épouvantés de cet endurcissement, il y avait un saint ermite, qui se jeta aux pieds des ministres de la justice, et les pria instamment de suspendre l'exécution jusqu'à son retour. Ceux-ci y consentirent, quoique avec peine. Aussitôt l'Ermite va trouver sainte Colette, lui raconte l'endurcissement des criminels. La Sainte se met à genoux, et commence à réciter le psaume *Miserere*. Puis, elle dit au religieux : « Allez maintenant, mon Père, ils feront tout ce que vous voudrez. » En effet, quand le religieux fut de retour, il trouva les criminels tout changés. Ils se confessèrent publiquement, demandèrent tout haut pardon à Dieu et à la justice, et édifièrent autant les assistants qu'ils les avaient auparavant scandalisés.

Sainte Colette venait de guérir, à Orbe, le R. P. Psalmon, cordelier réformé, qui était sur le point de mourir ; elle lui dit ensuite d'aller se confesser. Après que le religieux se fut confessé, sainte Colette lui dit qu'il avait oublié encore tel et tel péché. Le Père reconnut que c'était la vérité et retourna de nouveau à confesse. La Sainte lui dit alors d'être tranquille, car il n'avait plus rien sur la conscience.

Dans un monastère de la Réforme, deux religieuses nourrissaient l'une contre l'autre, une haine secrète, et une antipathie des plus vives, dont elles avaient grand soin de ne laisser rien paraître à l'extérieur.[1]

---

(1) Surius, cap. 56.

Mais leurs efforts furent inutiles. Eclairée d'une lumière céleste, sainte Colette connaissait et voyait tout. Elle arriva donc dans le monastère, où étaient ces deux religieuses; elle les appelle, et leur dévoile clairement et avec des détails intimes l'aversion secrète qu'elles nourrissaient l'une contre l'autre. Les deux religieuses s'avouèrent coupables, et touchées de la grâce et de la fermeté de sainte Colette, elles demandèrent pardon.

Ces faits, que nous pourrions multiplier à l'infini, montrent bien quelles grandes lumières Dieu accordait à sa servante, et de quel crédit elle jouissait auprès de lui. Qu'on nous permette encore d'en citer quelques autres pour faire voir que non-seulement elle lisait dans les consciences comme dans un livre, mais encore qu'elle connaissait les événements les plus cachés et savait les prédire longtemps d'avance.

L'évêque de Castres étant allé un jour visiter les religieuses de sainte Colette dans leur couvent de Castres, entre autres choses, leur dit qu'il espérait bientôt être cardinal. Sainte Colette, surprise de l'ambition de ce prélat, lui parla de la vanité du monde, et de la fragilité des honneurs et des dignités de la terre. — L'évêque ne goûta pas ce discours et répondit : Bientôt, je me mettrai en chemin pour Rome. — Bientôt, monseigneur, lui dit sainte Colette, vous ferez un plus grand voyage que celui de Rome. — Mais comment ? que voulez-vous dire ? reprit le prélat. — Je veux dire, que vous n'arriverez point à Rome, car vous mourrez en chemin. Ce qui arriva comme la Sainte l'avait prédit.

Saint Vincent-Ferrier venait de prêcher une mission à Besançon. Au moment de quitter la ville et de se séparer de sainte Colette, qui était alors au couvent des Clarisses, qu'elle avait fondé en cette ville, comme Vincent annonçait à la Sainte que son dessein était de se rendre incessamment en Espagne, elle lui déclara que ce n'était pas là que Dieu l'attendait: « Non, lui dit-elle avec assurance, l'Espagne ne vous verra plus. C'est en France que vous trouverez la fin de vos travaux et que vous recevrez la récompense qui vous est préparée, et cela avant que deux ans soient révolus[1]. » L'événement justifia complétement la prédiction de sainte Colette, car le 5 avril 1419, ce grand serviteur de Dieu, l'ornement de la famille de Saint-Dominique, mourut à Vannes en Basse-Bretagne, à l'âge de plus de soixante-deux ans.

Une autre fois que sainte Colette était à Nozeret, la princesse d'Orange trouvant la Sainte seule, triste et les yeux baignés de larmes, lui demanda le sujet de ses pleurs. « Hélas, dit-elle, madame, je vais vous le dire sans façon. C'est que Dieu m'a fait connaître qu'au siècle suivant, votre couvent d'Orbes, sera entièrement détruit par les hérétiques du voisinage ; celui de Vevay le sera de même ; mais les religieuses de Vevay auront au moins au-delà du lac une ville de refuge, comme celle de Genève ; au lieu que les religieuses du couvent d'Orbes, semblables à des brebis errantes, seront dispersées çà et là, sans pouvoir se réunir en communauté. » Il en

---

(1) Saint Laurent.

arriva ainsi que sainte Colette l'avait prédit. Car, les religieuses de Vevay se retirèrent à Evian, où elles sont encore à présent, et celles de Genève se retirèrent à Annecy, où elles ont toujours subsisté depuis. Mais celles d'Orbes furent obligées de se disperser dans les couvents du comté, séparées les unes des autres, sans plus former de communauté, ni retourner à Orbes.

Le comte et la comtesse d'Armagnac, désolés de n'avoir point d'enfants, prièrent la sainte réformatrice de leur en obtenir du Ciel. La Sainte leur promit d'intercéder auprès de Dieu. Le lendemain, sainte Colette fit venir ses illustres hôtes, et leur prédit qu'ils auraient des enfants, que le premier serait une fille, qu'ensuite ils auraient plusieurs garçons et que Dieu répandrait sur leur famille ses plus abondantes bénédictions. Elle ajouta encore que la plus grande bénédiction tomberait sur la fille aînée, sur laquelle Dieu avait des desseins particuliers, que cette fille serait religieuse de la réforme à Lésignan, qu'ils devaient bien prendre garde de ne pas mettre d'obstacles à sa vocation. La prophétie de sainte Colette s'accomplit de point en point. La fille aînée vint au temps marqué; par la suite, elle devint religieuse à Lésignan, sous le nom de sœur Bonne, et mourut trois ans après sa profession en odeur de sainteté.

CHAPITRE II.

DON DE PROPHÉTIE. (SUITE.)

Il y avait à Besançon un fervent chrétien, homme de prières et de bonnes œuvres, qui se nommait Jean Coulon. Vivement désireux de se faire un trésor dans le ciel, il soutenait par d'abondantes aumônes les œuvres nombreuses qu'entreprenait la sainte abbesse. Cependant, il devait bientôt mourir, ainsi que Dieu l'avait révélé à sainte Colette[1]. Elle le fait donc appeler, et après l'avoir entretenu selon sa coutume de sujets pieux, elle lui parla de la brièveté de la vie, de la certitude de la mort, de la nécessité de se tenir toujours prêt pour paraître devant Dieu. Puis elle ajouta sans détour, que cet avertissement le regardait plus que tout autre, car il mourrait dans quelques jours. Jean Coulon n'eut aucun doute de la prédiction de la sainte réformatrice, quelque pénible qu'elle fût pour lui. Il se prépara donc avec une ferveur nouvelle à sa mort, quoique pour le moment il jouît d'une excellente santé, et qu'il ne sentît en lui aucune douleur. Il mit ordre à toutes ses affaires temporelles, au grand étonnement de ses

---

(1) P. Sellier. S. Laurent. Surius, Bollandistes.

parents, qui ne pouvaient le croire si près de sa fin. Mais au jour indiqué par la Sainte, Jean Coulon fut surpris d'une maladie subite qui le conduisit en quelques heures au tombeau.

Sainte Colette se trouvait à Chambéry auprès d'Amédée VIII, duc de Savoie, le même qui fut élu pape au concile de Bâle, sous le nom de Félix V. Ce duc, ravi d'avoir la Sainte dans ses états, voulut commencer l'établissement de la réforme par Chambéry. Mais les saintes Claires Urbanistes qui avaient un couvent en cette ville, ne voulurent point se soumettre à la réforme. On fut donc obligé d'abandonner le projet. La Sainte, voyant le prince chagriné et mécontent de ce contre-temps, le consola par cette prophétie bien remarquable : « Il y aura un jour à Chambéry un couvent de la Réforme. Voyez, monseigneur, dit-elle au prince en lui montrant la sœur Chevalier, voici la sœur qui en sera la fondatrice dans quelques années. Il y aura aussi deux couvents de Sainte-Claire à Chambéry. » L'événement prouva par la suite combien la Sainte avait prédit juste.

Mais voici deux autres prédictions encore plus remarquables et concernant également les couvents de la réforme. C'était à Besançon, en l'année 1444, sur la fin d'octobre. La sainte Réformatrice devait quitter le couvent des Clarisses avec vingt-quatre religieuses, pour fonder diverses maisons à Amiens, à Hesdin, à Gand. La veille de son départ, elle assembla la communauté dans la salle du chapitre pour faire ses adieux. Après avoir consolé ses sœurs le mieux qu'elle put, elle leur recommanda l'oraison, la pauvreté évangélique et la dévotion à la mère de Dieu. Ensuite, levant les yeux au ciel et se mettant à genoux avec toutes ses filles, elle pria Dieu et la sainte Vierge d'avoir un soin particulier de cette maison. Enfin elle demanda à la sainte Vierge la permission de dire à ses filles, pour les consoler de son absence, ce qu'elle lui avait dit touchant l'œuvre de la réforme[1]. Alors, faisant relever ses filles, elle leur dit que la Mère de Dieu lui avait révélé, que la réforme des Filles subsisterait jusqu'à la fin des temps, et que la maison de Besançon conserverait toujours la ferveur de l'observance régulière, malgré la corruption générale, et qu'elle servirait toujours d'exemple et de modèle aux autres maisons ; que c'était pour cela qu'elle lui laissait le plus grand gage de son affection, la précieuse croix de Jésus-Christ qu'un ange lui avait apportée du ciel.

Elle conjura les sœurs de la conserver comme le plus grand des trésors, qui devait servir de siècle en siècle, de consolation à toutes les religieuses qui vivaient en cette maison. « Mais, hélas! mes sœurs, ajouta-t-elle, il n'en sera pas ainsi de la réforme des hommes, elle ne durera guère plus de cent ans. Ce qui doit nous consoler, c'est que Dieu suscitera, au commencement du siècle qui suivra celui-ci, une grande et admirable réforme dans l'ordre de Saint-François. Cette réforme pourra fournir des confesseurs aux filles de Sainte-Claire, qui vivront dans ce

---

[1] S. Laurent.

CHAPITRE II.

temps-là. Pour preuve de la vérité de ce que je vous prédis, ajouta-t-elle, je vais encore vous faire deux prophéties touchant le couvent de Besançon. Mais comme ces prophéties ont rapport à des événements éloignés, vous qui m'écoutez, vous ne pouvez en voir l'accomplissement, parce qu'elles ne doivent arriver qu'au siècle suivant. Il faut qu'on écrive ces prophéties et qu'on les conserve dans les archives de la maison. »

Sainte Colette se fit alors apporter de l'encre, une plume et du papier, et les fit écrire devant toute la communauté qui devait les conserver, et en être particulièrement instruite. Elle ouvrit ensuite une fenêtre qui donnait sur le préau et dit aux religieuses : « Mes chères sœurs, regardez bien cette croix de pierre ; le même jour qu'elle tombera, cette maison sera brûlée ; la chute de cette croix arrivera la nuit, elle sera le signal de ce funeste accident et servira d'avertissement aux sœurs, pour porter au bout du jardin, où le feu ne s'étendra pas, tout ce qu'elles auront de plus précieux à la sacristie, dans la maison, aux archives, et pour s'y retirer elles-mêmes, afin de se préserver de l'incendie. »

Voici comment fut réalisée cette prédiction. L'an 1510, quatre-vingts ans après la prédiction de sainte Colette, la sœur Rose Clodet de Besançon, passant par la cour, de grand matin, vit la croix de pierre renversée. Aussitôt, elle sonne l'alarme, court vers l'abbesse et vers toutes les religieuses, qui ne doutant point de l'accomplissement de la prophétie de sainte Colette, s'empressent de prendre toutes les précautions nécessaires. On éteignit le feu de la cuisine, la lampe même qui brûlait devant le Très-Saint Sacrement. On visita toute la maison, et tous les endroits par où le feu pourrait prendre. On enleva ensuite les vases sacrés, les ornements de la sacristie, les papiers des archives et les meubles de la maison, pour les porter au bout du jardin où, comme la Sainte l'avait marqué, le feu ne devait pas gagner. Après quoi, les religieuses attendirent en prière le triste effet de la prophétie. Vers les trois heures du même jour, voilà le feu qui prend à un bâtiment de la rue Saint-Vincent, et qui se communique de maison en maison. Le vent, qui soufflait avec violence, porta un tison contre une fenêtre du couvent, qui, s'étant embrasé à l'instant même, communiqua aussitôt le feu de chambre en chambre. En quatre heures l'église et la maison furent entièrement consumées, sans qu'on ait pu y porter aucun secours. Ainsi se trouva vérifiée la première prédiction de la Sainte.

La deuxième prophétie que la Sainte fit écrire sur le même cahier est encore un triste événement touchant le couvent de Besançon. En voici la teneur : « Avant le milieu du siècle suivant, la peste ravagera la cité de Besançon, et elle dépeuplera si bien ce couvent, qu'il faudra faire venir des sœurs de toutes les maisons de Bourgogne pour les repeupler. »

Cet événement fâcheux arriva l'an 1544. Cent quatorze ans après la prophétie de sainte Colette, une maladie pestilentielle se déclara dans la ville de Besançon, et en peu de temps emporta un grand nombre d'habitants. Mais nulle part, la mortalité ne se fît plus sentir que dans l'enceinte du couvent. Il ne resta que trois religieuses qui échappèrent à ce fléau. Pour rétablir le couvent, on fut obligé d'envoyer des sœurs de Poligny, d'Auxonne et de Seurre, ainsi que l'avait annoncé la sainte Réformatrice.

Enfin, sainte Colette connut et prédit exactement sa mort deux ans auparavant. Elle annonça aux religieuses Clarisses d'Amiens et d'Hesdin qu'elle allait mourir à Gand. Trois semaines avant sa mort, elle rassembla le chapitre, et dit à ses religieuses qu'elle mourrait dans trois semaines, le 6 mars 1447. De plus, elle leur annonça la manière dont elle mourrait, leur déclarant qu'elle ne ferait aucune observation, ni exhortation à l'heure de la mort. Nous verrons dans la suite avec quelle exactitude remarquable s'accomplit cette prophétie de la Sainte.

Ces faits et une foule d'autres que nous omettons nous montrent quelle connaissance surnaturelle la Sainte de Corbie avait reçue du Ciel. Aussi, la sœur Guillemette Chrétienne de Corbie, l'une des plus intimes confidentes de sainte Colette et qui mourut en odeur de sainteté au couvent d'Hesdin, dont elle était la mère abbesse, fit cette déposition juridique entre les mains des juges Ecclésiastiques : « Que c'était une chose étonnante de la grande connaissance que sainte Colette avait des événements futurs, et des secrets de la conscience. » Tant il est vrai que Dieu se plaît à embellir de tous les trésors célestes, les âmes pures qui se sont consacrées à lui entièrement, et à faire briller en elles les merveilles de sa grâce.

CHAPITRE III.

DON DE MIRACLES.

Sainte Colette posséda à un degré éminent le don des miracles. Sa vie en fut toute remplie ; aussi tous ses historiens, et notamment les Bollandistes, se sont-ils crus obligés de s'excuser du nombre et de l'éclat des miracles opérés par la sainte Réformatrice, bien que ces prodiges soient constatés par les témoignages les plus authentiques, par les dépositions les plus certaines qui sont au procès de sa béatification [1]. Nous serions infini, si nous voulions raconter tous les miracles que sainte Colette a opérés en guérissant les malades, en rendant la vue aux aveugles, l'ouïe aux sourds, en sauvant du danger ceux qui l'invoquaient, et même en rendant la vie aux morts, ce qui est plus extraordinaire. Forcé de nous restreindre dans les limites étroites d'une vie populaire, nous ne signalerons que les faits suivants, qui sont pour la plupart consignés dans le procès de sa Béatification, et que tous

---

(1) Dans l'office de la Sainte qui fut approuvé par la Congrégation des rites, il y est dit que les éléments et la nature entière lui obéissaient ; que les êtres même privés de raison se rendaient à ses ordres.

les auteurs se plaisent à raconter. Sainte Colette fut un jour reçue par des religieuses Dominicaines, dans le voisinage desquelles elle passait. Ces bonnes religieuses, qui avaient entendu parler de la sainteté de la Réformatrice, la prièrent de venir les visiter. Sainte Colette y consentit volontiers. Les filles de Saint-Dominique toutes joyeuses accoururent à la porte du couvent pour la recevoir, et l'accueillirent avec une douce cordialité et un grand respect. La Sainte, selon son habitude, les entretint des choses de Dieu, les consola, et les encouragea à marcher toujours dans les voies de la perfection. Pendant qu'elle leur parlait ainsi, elle remarqua une pauvre religieuse qui mettait autant de soin à se cacher derrière ses compagnes, que les autres mettaient d'empressement pour voir la Sainte de plus près, et avoir le bonheur de l'embrasser. Cette sœur, en effet, était attaquée de la lèpre ; tout son visage en était horriblement défiguré. Elle se cachait donc de peur qu'on ne l'aperçût, et qu'on ne la renvoyât. Mais sainte Colette la voyant si triste en eut pitié. Elle l'appela gracieusement, la fit mettre auprès d'elle, et l'embrassa au visage avec une grande tendresse. Aussitôt la lèpre disparut, de telle sorte que la figure de cette malheureuse reprit sa beauté, à la grande joie et à l'admiration de toutes les religieuses.

Sainte Colette se trouvait au couvent de Poligny, lorsqu'une religieuse tomba dangereusement malade. Elle avait déjà reçu les derniers sacrements, et elle était tout à fait désespérée, quand la sainte abbesse, qui faisait grand cas de cette pauvre fille, et qui souhaitait de la conserver pour le bien de la communauté, s'approchant du lit de la malade agonisante, lui dit : « Ma fille, levez-vous, je vous l'ordonne au nom de Jésus-Christ. » La malade obéit à l'instant même, et se leva parfaitement guérie, au grand étonnement des infirmières qui pouvaient à peine en croire leurs yeux. C'était l'heure de chanter l'office. Aussitôt la malade guérie miraculeusement se rendit au chœur pour chanter avec les autres. On conçoit aisément, quelle impression produisit une telle guérison sur toute la communauté.

Mais voici une autre guérison miraculeuse qui se trouve rapportée dans les mémoires du couvent d'Hesdin. Une jeune novice se trouvait à la veille d'être rendue à sa famille, à cause d'un accident qui lui était arrivé. Cette jeune fille, en travaillant à la cuisine, s'était frappée contre un morceau de bois pointu qui lui avait crevé un œil, ce qui la rendait difforme. Or, la communauté, se conformant à la règle, n'avait pas voulu admettre cette novice à la profession, à cause de cette difformité. Chagrinée de se voir ainsi rebutée, cette fille eut recours à la sainte abbesse, qui la consola et dit aux religieuses : « Je pourrais dispenser cette fille du cas d'empêchement, d'après la faculté qui m'a été accordée par le souverain Pontife ; mais j'aime mieux prier le Seigneur d'user de son pouvoir en faveur de cette fille que je crois véritablement être appelée à la religion. » Aussitôt, elle fit le signe de la croix sur son œil, et il se trouva parfaitement guéri, sans qu'il restât aucune apparence de difformité.

C'est ainsi que Dieu se plaisait à glorifier son humble servante, en lui accordant un pouvoir surnaturel.

Quelquefois même, les prodiges s'opéraient par la seule invocation de la Sainte, ou le recours à sa puissante protection. Témoins les faits suivants qui sont ainsi rapportés par le P. Sellier. Il y avait à Poligny un bourgeois des plus honorables, nommé Jean Courault, qui avait une grande confiance en sainte Colette. S'étant mis en voyage pour régler des affaires de commerce, un accident imprévu faillit lui ôter la vie. Il était accompagné d'un domestique qui le suivait à pied, tandis que lui-même était à cheval. Son cheval étant fort et vigoureux, il se hasarda à passer une rivière qui était très-profonde. Le cheval s'abattit au milieu des eaux, et bientôt la monture et le cavalier disparurent, tellement que le domestique crut son maître perdu. Dans cette extrémité, Jean se ressouvint de sainte Colette, et la supplia de venir à son secours. A peine eut-il fait son invocation, que le cheval se releva et s'élança avec son cavalier sur la rive opposée. Ils étaient sauvés du danger.

A quelques années de là, la femme de Jean Courault fut attaquée d'une maladie qui la mena en peu de jours aux portes du tombeau. Il ne restait aucune espérance dans les ressources de la médecine. Jean Courault, qui dans ses détresses n'avait recours qu'à l'intervention de Colette, vint la trouver et lui fit part de l'affliction extrême qui l'accablait et du danger qui menaçait sa femme. La Réformatrice

Colette exhorte cet homme à mettre toute sa confiance en Dieu et à se soumettre à la volonté du Ciel, sur le sort de son épouse; puis elle le console en lui promettant qu'elle va prier pour la malade, afin que Dieu lui rende la santé. En même temps, elle renvoie cet homme avec le R. P. Henri pour assister la mourante, et lui conférer les derniers sacrements. A peine furent-ils sortis du couvent, que la Sainte se met en prières. Jean Courault avait fait son sacrifice; mais le P. Henri, qui s'était approché de la malade, lui avait à peine adressé quelques paroles, pour la préparer au grand voyage de l'éternité, qu'elle se trouva subitement guérie. En présence de tous les assistants qui ne pouvaient croire à ce qu'ils voyaient, elle demanda ses habits, et se leva immédiatement de son lit de douleur. Cette guérison si miraculeuse fut regardée dans toute la ville comme une sorte de résurrection.

Mais voici d'autres faits qui prouvent que la puissance de sainte Colette ne s'exerçait pas seulement sur les personnes, mais encore sur les objets inanimés.

Sainte Colette entrant un jour au couvent du Puy, c'était le 2 juillet 1432, et trouvant de mauvaise qualité l'eau du puits qui servait à la communauté, elle fit le signe de la croix en présence de l'évêque qui l'accompagnait, et aussitôt l'on vit jaillir une source d'eau vive dans l'endroit même où ils se trouvaient réunis.

Une autre fois, on traitait avec des ouvriers pour faire un aqueduc, qui devait emmener l'eau douce d'une fontaine à la maison d'Hesdin, sainte Colette n'entra point dans ce dessein. Car la fontaine étant fort éloignée, l'entretien de l'aqueduc aurait été dispendieux pour la communauté. Elle refusa donc de donner son consentement à cette entreprise. La duchesse de Bourgogne, qui était présente, lui dit alors : Comment faire mieux ? « Nous ferons mieux, répondit Colette. » Levant alors les yeux au ciel et se mettant en prières, elle fit sortir aux pieds de la duchesse une fontaine d'eau vive, d'excellente qualité, et qui sert encore présentement à l'usage de la communauté.

Enfin, au couvent de Poligny, on était fort gêné à cause du manque d'eau. Les hommes de l'art avaient fait diverses fouilles sans aucun résultat, et sans aucun espoir de réussir. Bien plus, ils avaient renoncé à faire d'autres expériences. Sainte Colette, sachant que Dieu ne refuse rien à la prière et se rappelant qu'autrefois il avait fait jaillir l'eau d'un rocher dans le désert en faveur des Israélites, n'hésita point à demander à Dieu le même prodige en faveur des religieuses du couvent. Après avoir fait sa prière, elle indiqua trois endroits qui paraissaient encore moins favorables que les précédents. Elle fit sur chacun d'eux le signe de la croix et commanda aux ouvriers de creuser. A leur grand étonnement et contre leur attente, trois sources abondantes ne tardèrent pas à jaillir. Ces sources se réunissent dans un puits commun, qui fournit encore aujourd'hui à tous les besoins de la communauté. Cette eau bénite est pure et limpide et ne tarit jamais, même dans les plus grandes sécheresses. Elle est célèbre non-seulement par le prodige de son origine, mais aussi par le soulagement que les habitants de Poligny et des lieux circonvoisins y trouvent dans leurs maladies.

CHAPITRE IV.

SAINTE COLETTE RESSUSCITE PLUSIEURS MORTS.

Sainte Colette avait un si grand crédit auprès de Dieu, le maître souverain de toutes choses, qu'il semble que tout ce qu'elle demandait lui était accordé. Nous en avons la preuve dans les faits merveilleux, les guérisons miraculeuses rapportées au chapitre précédent. Mais ce qu'il y a de plus surprenant, c'est que le pouvoir de sainte Colette allait jusqu'à ressusciter les morts. Ceux qu'elle a ressuscités pendant sa vie sont si multipliés, qu'il serait même impossible d'en déterminer le nombre.

La sœur Perrine, nièce du P. Henri, celle que la Sainte avait choisie pour sa confidente et la compagne de ses voyages, ne craint pas d'assurer que la Bienheureuse a rendu la vie à plus de cent enfants morts sans baptême. D'où l'on croit qu'il est peu de saints et saintes, que Dieu ait aussi favorisés que la Sainte de Corbie. Parmi les résurrections opérées par sainte Colette, nous ne rapporterons que les cinq suivantes, dont trois eurent lieu à Besançon, l'autre à Poligny et la cinquième à Lons-le-Saulnier. Nous les trouvons consignées dans tous les auteurs avec des témoignages si authentiques, des détails si circonstanciés, des autorités si graves, qu'il est impossible de les révoquer en doute, à moins de nier toute vérité historique. Voici comment l'abbé de Saint-Laurent raconte ces faits merveilleux.

Pendant que sainte Colette était au couvent de Besançon, une petite fille mourut en naissant : les parents et les voisins dirent qu'il fallait recourir à la Sainte qui faisait tant de miracles. Le père, qui s'appelait Prucette, prit cette fille morte entre ses bras, la porta au couvent, suivi d'une foule de monde qui était accourue pour voir si l'enfant mort ressusciterait. La Bienheureuse vint à la porte avec toutes ses religieuses ; et là, se mettant à genoux, elle leva les yeux au ciel ; puis, regardant cette fille morte qui était devant elle, elle fit une courte prière, tira son voile de dessus sa tête, et dit au père d'envelopper avec ce voile sa fille morte, et qu'aussitôt elle ressusciterait. Le père le prit en effet, et en enveloppa l'enfant, qui ressuscita sur-le-champ. Aussitôt on porta cet enfant baptiser à la paroisse de la Magdeleine. Toute la ville fut émue de ce miracle, et en actions de grâces, l'enfant fut nommée Colette Prucette[1].

Ce miracle est marqué au procès-verbal de la béatification de la Sainte, aussi bien que le miracle d'un autre mort ressuscité qui arriva de la manière suivante.

La seconde année que la Bienheureuse fut à

---

(1) Pierre de Vaux, cap. 20. Légende de Gand, cap 17. Marc de Lisbonne, cap. 28. Michel Notel, cap. 20.

Besançon, l'an 1412, au mois d'avril, un enfant, nouvellement né à Besançon, était mort sans baptême et enterré depuis plusieurs jours. Les parents et les voisins dirent au père de ce petit garçon qu'au lieu de l'enterrer, il eût dû parler à la Sainte : « Comment, lui disent-ils, ignorez-vous le miracle que la Sainte a opéré sur la petite Prucette? Ce qu'elle a fait une fois, elle peut encore le faire : elle a tant de pouvoir auprès de Dieu! Mais il y a deux jours qu'il est enterré, dit le père. N'importe, répondirent-ils, la Sainte fera encore ce miracle. » Touché de ces reproches, le père de l'enfant va au couvent de Sainte-Claire, avec des parents et des voisins; il l'adressa à la Sainte, qui lui dit d'aller déterrer ce petit garçon et de le lui apporter. Tandis que le père exécutait cet ordre, le bruit se répandit dans la ville que la Sainte allait encore ressusciter un mort, qu'elle le faisait déterrer pour cela. Alors, tous les habitants grands et petits, hommes et femmes accoururent pour voir ce qu'il en serait. Le père arrive au milieu de cette foule de monde; il portait sur une petite planche l'enfant tout nu et tout découvert, afin que tout le monde fût bien convaincu de sa mort et qu'on ne doutât pas du miracle. La Sainte prit cet enfant mort entre ses bras; elle le posa ensuite à terre, se mit à genoux devant lui, fit sa prière à Dieu pendant un petit espace de temps, puis, s'étant levée, elle commanda à l'enfant, au nom de Jésus-Christ, de revenir au monde. L'enfant ouvrit les yeux sur-le-champ et commença à pleurer. La Sainte le rendit à son père, à la vue du peuple qui attendait l'événement. En le rendant à son père, elle lui dit de le faire baptiser incessamment, et d'en avoir soin, car c'était un petit prédestiné, ajoutant ainsi une prophétie au miracle. Une dame de Besançon voulut nourrir et élever cet enfant de bénédiction, parce que la Sainte avait dit que ce serait un petit prédestiné. En effet, l'enfant ne vécut que six mois pour confirmer la prophétie, aussi bien que le miracle de sa résurrection [1].

L'an 1442, la Sainte ressuscita un troisième mort à Besançon. Le miracle eut un si grand éclat, qu'il porta la réputation de la Bienheureuse dans toutes les provinces voisines.

Il se fit sur un jeune homme appelé Jean Boisot, âgé de quinze ans, d'une des principales familles de Besançon. Cette famille a été depuis une des plus illustres de l'ancien comté de Bourgogne.

Voici comment arriva cette résurrection. Jean Boisot étant mort, on le porta dans un linceul à la chapelle, où la Sainte entendait la messe. Colette pria pour lui pendant le saint sacrifice ; à la fin de la messe, elle se leva et commanda à ce jeune homme au nom de Jésus-Christ, de se lever ; ce qu'il fit sur-le-champ. La Sainte lui fit apporter ses habits, lui ordonna de boire et de manger. Il fit de même devant tout le monde, il s'en retourna plein de santé : Toutes les rues étaient remplies de personnes qui l'avaient accompagné mort et qui maintenant

---

[1] Clithou, cap. 2. Surius, cap. 77. Pierre de Vaux, cap. 24. Marc de Lisbonne, 28. Notel M. cap. 20.

l'accompagnaient vivant, qui couraient et traversaient les rues et les places pour le voir, lui parler et lui baiser les habits. Quand on lui demandait ce qu'il avait vu et connu dans l'autre monde, il répondait que depuis sa mort jusqu'à sa résurrection il ne se ressouvenait de rien, si ce n'est qu'on lui avait dit de remercier l'abbesse Colette, et de se souvenir de la grâce qu'il avait obtenue par les prières de la servante de Dieu.

Ce miracle est rapporté dans le procès de la béatification de la Sainte, signé et attesté avec serment par un grand nombre de témoins; il est rappelé par tous les auteurs de sa vie; et la tradition s'en est conservée de père en fils dans la famille. Le Père Henri, confesseur de la Sainte, qui était un Saint lui-même, a rapporté toutes les circonstances de la résurrection du jeune Boisot dans un autographe, qu'on peut encore voir et lire au couvent des Saintes-Claires[1].

Nous terminons ce chapitre par le récit d'une des plus grandes merveilles qui soit jamais arrivée dans l'église de Dieu depuis les apôtres : la résurrection d'une religieuse morte en péché mortel. Ce miracle est rapporté dans le procès de la béatification de la Sainte, attesté par dix auteurs très-dignes de foi, par les Bollandistes et surtout par le R P. Henri de la Balme, témoin oculaire de ce prodige. Ce Père a écrit de sa main le miracle. Son manuscrit est con-

(1) Fodéré, Notel, Surius, Marc de Lisbonne, le manuscrit de Gand.

servé au couvent des Saintes-Claires de Besançon. Voici comment ce Père raconte les circonstances de ce prodige.

La bienheureuse Colette était allée de Poligny à Besançon pour quelques affaires qui réclamaient sa présence pendant quelque temps. Elle eut alors révélation qu'une de ses religieuses était morte en mauvais état, pour ne s'être pas confessée d'un péché que la honte lui avait fait cacher; mais qu'en sa faveur le jugement de cette fille avait été suspendu, et que la Mère de Dieu avait obtenu de son Fils qu'on renvoyât l'âme de cette malheureuse dans son corps, pour se confesser de son péché en présence de Colette sa fille, et pour en obtenir le pardon dans le sacrement de Pénitence.

Sainte Colette dépêcha aussitôt un homme à cheval, à Poligny, pour avertir la sœur Perrine, supérieure du couvent de Poligny, qu'on n'enterrât point la religieuse défunte avant qu'elle-même fût arrivée à Poligny; que, pour de grandes raisons, elle voulait assister à son enterrement.

Le bruit se répandant aussitôt dans la ville qu'un courrier avait fait suspendre l'enterrement, que les prêtres mêmes qui devaient y assister avaient été priés de se retirer, et que la Sainte allait arriver, excita la curiosité des habitants et mit tout en mouvement dans la ville. La plupart furent persuadés que la Sainte, qui a déjà ressuscité plusieurs morts, venait pour ressusciter également la religieuse qui venait de mourir.

Sainte Colette revenait à Poligny sur son chariot

couvert, avec la Mère de Toulongeon, abbesse de Besançon, qui l'accompagnait, et la Mère Chevalier. Le chariot, qui allait lentement, ne put arriver à Poligny que la seconde journée, c'est-à-dire le quatrième jour de la mort. La religieuse défunte était à l'église, dans une bière découverte où tout le monde accourait la voir.

Toute la ville était dans l'attente d'une chose extraordinaire. Le bruit s'en répandit jusqu'aux villages des environs et aux villes voisines ; une foule innombrable accourut pour être témoin de l'événement auquel on s'attendait. Après avoir vu la défunte exposée à l'église, on alla à la rencontre de la Sainte lorsqu'on sut qu'elle approchait. Mais arrivée à la porte de la ville, la foule était si compacte qu'il fallut faire halte jusqu'à ce qu'on lui eût ouvert un passage. La marche du chariot fut si lente que sainte Colette ne fut introduite dans le couvent qu'au déclin du jour.

Il était trop tard pour que la cérémonie funèbre pût avoir lieu ce jour-là ; on annonça donc à la foule qu'elle était remise au lendemain. Les assistants se retirèrent en bon nombre ; mais une grande partie stationna sur la place du couvent jusqu'au lendemain ; d'autres revinrent avant l'aube du jour. Les magistrats de la ville avaient pris des précautions pour empêcher les inconvénients qui résultent des rassemblements trop nombreux ; mais elles furent inutiles, car bien avant que l'office ne fût commencé, l'église se trouva remplie de monde.

La Sainte avait passé toute la nuit en oraison.

Quand l'heure de l'office fut arrivée, on vint lui demander ce qu'il fallait faire. « Que l'on commence par réciter les heures canoniales, » répondit-elle. Quand l'office fut terminé, elle se rendit elle-même dans le Sanctuaire avec le R. P. Henri et quelques-unes de ses sœurs. Prosternée devant l'autel, elle adresse à Dieu une courte mais fervente prière. A la vue de la Sainte, un grand silence s'était établi dans l'église. Colette s'approche de la balustrade et fait apporter le cercueil, que l'on place à côté d'elle ; puis, d'une voix haute qui fut entendue de tous les assistants, elle commande à la défunte, au nom de Jésus-Christ, de se lever.

Au même instant, la religieuse se met sur son séant, la sainte abbesse lui donne la main, et l'aide à sortir de sa bière ; puis elle la conduit au pied de l'autel, au grand étonnement de la multitude qui répétait tout haut : miracle ! miracle !

Pendant ce temps-là, la religieuse qui venait d'être rendue à la vie était aux pieds du confesseur du couvent : elle lui faisait sa confession ; il est inutile de dire avec quelle sincérité, quels regrets, quels sentiments de componction ! Sa confession finie, réconciliée avec Dieu par l'absolution sacramentelle, elle revint aux pieds de l'autel acquitter sa pénitence. Puis, se levant vers l'assemblée, elle déclara tout haut qu'elle devait à la sainte abbesse de ne pas avoir été précipitée dans les abîmes éternels, et avoua qu'elle avait été défendue, par un ange envoyé de la part de la Mère de Dieu, contre les démons qui voulaient l'emporter en enfer. Alors elle ajouta :

« Je suis restée sous la protection de cet ange de Dieu jusqu'au moment, où par la toute-puissante intercession de Marie et les prières de notre vénérable abbesse, j'ai été rendue à la vie afin de déclarer mon péché et d'en recevoir la rémission. Oh! qu'il est affreux de mourir dans la disgrâce de Dieu! qu'il est horrible de se voir sur le bord de l'abîme qui dévore les réprouvés! Oh! quelle grâce Dieu m'a faite de me préserver d'un pareil malheur! Après Jésus et Marie, c'est à notre charitable mère Colette, que je dois d'aller en Paradis[1]. »

En finissant ces paroles, elle vint se replacer dans sa bière, où elle expira de nouveau.

La bienheureuse la laissa en spectacle à tout le monde, et se retira dans sa cellule, sans dire un mot, sans paraître de trois jours, sans boire ni manger.

Le P. de la Balme dit après cela une grand'messe de mort, et fit l'inhumation, assisté des prêtres et des religieux qui avaient été spectateurs du prodige. Le lendemain et deux jours de suite, ils vinrent tous offrir le saint sacrifice de la messe pour cette fille, comme elle les en avait priés.

En mémoire d'un miracle aussi signalé, les religieuses avaient fait représenter cette résurrection sur un tableau, qui s'est conservé dans la maison de Poligny jusqu'à l'année 1636, où, par suite des guerres qui eurent lieu à cette époque, le couvent fut incendié, et ce monument périt avec le reste.

---

(1) P. Sellier, lib. v.

CHAPITRE V.

SAINTE COLETTE PROTÉGÉE VISIBLEMENT DU CIEL.

La vie si pleine de vertus de sainte Colette, ses prières si ferventes, ses austérités si grandes, les services si immenses qu'elle avait rendus à l'Eglise, en réformant les Ordres religieux et en éteignant les schismes, tant de mérites acquis devaient rendre cette fidèle servante bien chère et bien précieuse aux yeux de Dieu, et lui valoir du Ciel une protection signalée. Qu'il nous suffise de rapporter les faits suivants pour montrer comment, dans les circonstances les plus critiques, dans les dangers les plus sérieux, Dieu venait au secours de son humble servante. — Nous avons eu déjà occasion, du reste, de voir, que même dans son enfance, sainte Colette avait ressenti les effets de la bonté et de la puissance de Dieu. C'est cette même protection qui lui fut continuée pendant tout le cours de sa vie.

En effet, un jour sainte Colette voyageait avec un grand nombre de religieuses pour la fondation d'un monastère. C'était dans un pays étranger et dont elle ignorait complétement la langue des habitants. En traversant une forêt infestée par les voleurs, elle vit accourir une troupe de ces brigands pour les dépouiller, les outrager et peut-être même les assassiner. Du plus loin que sainte Colette les aperçut, elle commença à réciter les litanies des Saints. Elle les avait à peine terminées, lorsque les brigands entourèrent toutes les religieuses, en leur disant des injures et des paroles grossières. Mais Dieu, qui ne voulait point laisser périr ses fidèles servantes, ouvrit l'esprit de la sainte Réformatrice, et lui fit comprendre tout ce que ces hommes disaient dans leur langage barbare. Il lui délia la langue; et bien qu'elle n'eût jamais parlé cet idiome, elle répondit aux brigands avec tant d'humilité, de douceur et d'onction, que ces hommes, touchés d'admiration et de repentir, non-seulement s'abstinrent de toute violence, mais s'offrirent d'accompagner la Sainte partout où elle le voudrait[1].

Après la mort du duc de Bourgogne tué à Montereau, la France était ravagée par les partis ennemis qui tenaient la campagne. Sainte Colette, ne s'inquiétant nullement du danger qu'il y avait pour sa personne, fut surprise un jour par une troupe de soldats ennemis, avec quelques-unes de ses compagnes. Elle avait, selon sa coutume, récité les litanies des Saints, lorsque les soldats commencèrent à la menacer. L'un tirait son épée pour lui couper la tête, un autre lui enlevait tout ce qu'elle possédait, un troisième voulait l'attacher à la queue de son cheval. La Sainte, pleine de calme au milieu de ces furieux, leur parla avec tant d'autorité et de persuasion, que ces

---

(1) Les Bollandistes. Ribadeneira.

loups dévorants, devenus de timides agneaux, lui rendirent tout ce qu'ils lui avaient volé, et la laissèrent aller sans lui causer aucun mal. Huit jours après, ils furent pris et condamnés à être pendus. En allant au supplice, ces scélérats avouaient publiquement qu'ils avaient mérité ce châtiment, pour les outrages et les insultes qu'ils avaient faits à la sainte Réformatrice.

Un jour que sainte Colette avait à passer un fleuve profond et rapide, il ne se trouva ni barque, ni radeau qui pût servir au passage. Sainte Colette fit le signe de la croix sur les eaux et s'avança dans le fleuve. Elle traversa ainsi sans plus de danger avec toute sa suite, que si elle eût marché sur la terre ferme. Quelques cavaliers la suivaient de près, et arrivèrent presque derrière elle sur les bords du fleuve. En le voyant si gonflé, ils eurent peur d'abord ; puis, s'encourageant les uns les autres : Bah ! dirent-ils, si les hypocrites l'ont passé, nous le passerons bien aussi. Ils entrèrent donc dans le fleuve avec leurs chevaux. Mais, comme on le pense, ils furent bientôt entraînés par la violence des eaux, s'y noyèrent et périrent tous. — Sainte Colette était devenue suspecte aux partis qui se disputaient la France, après la mort du duc de Bourgogne. Tandis qu'elle ne songeait qu'à apaiser la colère de Dieu et à hâter par ses prières la conclusion de la paix, l'un des partis crut qu'elle favorisait le parti contraire et résolut de piller le monastère que la Sainte occupait. C'était le monastère de Désize. Une nuit, la sœur sacristine, qui était chargée d'éveiller la communauté pour les matines, se trompa et croyant qu'il était minuit, lorsqu'il n'était encore que dix heures, sonna la cloche du couvent. Les soldats s'imaginèrent que c'était le signal convenu pour appeler les ennemis. Ils se réunissent donc en foule sur la place du monastère, s'apprêtant à lui donner l'assaut, et se promettant d'égorger toutes les religieuses. Sainte Colette était alors en oraison. Dieu lui révéla le danger qui la menaçait ainsi que ses chères filles ; mais aussitôt il l'en tira par un prodige presque inouï.

Il était, comme nous l'avons dit, environ dix heures du soir. L'horloge du monastère sonna ; mais au lieu de frapper dix coups, elle n'en sonna qu'un. Les soldats étonnés regardent le cadran, il marquait une heure du matin. Ils croient donc s'être trompés, ils attendent le jour. Le jour parut, en effet, trois heures plus tôt qu'il n'avait coutume de paraître en cette saison. Persuadés alors que la cloche n'avait sonné qu'à l'heure ordinaire, ils rentrent dans leur logement, sans cependant abandonner tout à fait leurs mauvais desseins. Mais un si grand prodige ne pouvait demeurer caché. A une lieue aux environs, les villages voisins se trouvant dans les ténèbres, tandis que la ville de Désize était au grand jour, accoururent voir le prodige sans savoir ce que c'était. Quand la ville fut bien instruite de la réalité du fait, que le prodige fut bien constaté, les gens du peuple, les soldats, les magistrats, toute la ville en un mot vint trouver la sainte Réformatrice pour lui demander pardon. Dès lors, les soldats proclamèrent la puissance de Colette et la respectèrent toujours dans la suite.

Voici une autre protection non moins signalée accordée à la Sainte. Elle devait se rendre à la ville de Seurre pour fonder un établissement. Il fallait traverser la rivière du Doubs, qui passe au bas d'une colline assez raide sur laquelle est bâti le château de Neublanc. Arrivée à ce château, le seigneur Rolin reçut la servante de Dieu, ainsi que son confesseur et sept religieuses qu'elle allait installer au nouveau couvent; mais il les avertit qu'ils ne pourraient pas passer le Doubs qui était fort gros et qui croissait toujours. La Sainte, qui ne s'étonnait de rien, passa à son ordinaire une grande partie de la nuit en prières. Le lendemain, elle dit au P. Henri, son confesseur, de les faire partir. Comme il voulut objecter l'imminence du péril qu'ils allaient courir, la Sainte lui répondit en riant : Le péril, le péril! Et la Providence qui nous conduit, vous et moi, par tant de périls depuis tant d'années! L'officier de la Duchesse de Bourgogne, qui était chargé de conduire sainte Colette à Seurre, et qui n'avait pas autant de confiance en la Providence de Dieu, dit alors au confesseur, qu'il suivrait bien la petite caravane tant qu'il ne verrait pas de danger ; mais qu'il ne voulait pas risquer sa vie. Ils descendirent donc tous à pied la colline, qui est fort rapide ; arrivés au bas, où coule la rivière, et ne voyant ni eau, ni rivière, la sœur Perrine demanda à la Sainte qui marchait la première : où est donc cette rivière qui est si furieuse que la barque ne passe point? — Allons toujours, suivez-moi, nous la trouverons bientôt, lui répondit la bienheureuse qui était déjà sur la rivière. — Ils passèrent de la sorte, tous ensemble, les chevaux et les chariots. Les paysans et les pontonniers, qui voyaient marcher cette troupe sur la rivière, poussaient des cris d'étonnement. Que crient ces gens-là? demanda l'officier au confesseur de la Sainte. « Je n'en sais rien, répondit-il ; ils croient que nous irons nous précipiter dans la rivière, qui ne doit pas être éloignée. »

Quand ils eurent tous traversé la rivière près du village, qui s'appelle le Petit-Noire, leurs yeux se dessillèrent ; ils virent alors la rivière qu'ils avaient passée sans la voir, en marchant sur les eaux, croyant marcher sur la terre. Ils se mirent tous à genoux pour remercier Dieu de cette faveur. Tout le monde était dans l'admiration et les pauvres paysans qui avaient été les témoins de ce prodige, par respect pour la Sainte, l'accompagnèrent pendant plus d'une lieue, et se recommandèrent à ses prières.

On savait déjà à Seurre le prodige arrivé sur le Doubs. La Duchesse de Bourgogne, le prélat de Besançon Thiébaud de Rougemont et le gouverneur de la Province, voulurent savoir de la bouche de l'officier, qui avait escorté sainte Colette, ce qui en était..... Il leur dit comment les choses s'étaient passées, et protesta qu'il n'avait vu ni eau, ni rivière et qu'il croyait marcher sur la terre ferme.

Telle était la protection visible que Dieu accordait à sa fidèle servante, dans les circonstances les plus critiques. Aussi, sainte Colette savait bien le reconnaître, car elle eut toujours une confiance sans bornes en Dieu, et sur ce fondement inébranlable, elle appuya toujours toutes ses démarches, toutes ses entreprises. Elle se plaisait à répéter continuellement à ses confesseurs, et à ses religieuses qui appréhendaient pour le succès de la Réforme, ou la fondation de nouvelles maisons, qu'il n'est point besoin de secours humains, qu'il suffit de croire fortement que la parole de Dieu a toujours son effet.

Une autre fois, se trouvant dans les circonstances les plus difficiles, elle répétait ces paroles : « Le ciel et la terre peuvent se bouleverser, mais la parole de Dieu demeure éternellement. » Aussi, quand toutes les créatures l'abandonnaient, ou se tournaient contre elle, comme à son retour à Corbie, quand le démon se déchaînait contre elle et cherchait à ébranler sa confiance, sainte Colette n'éprouvait aucun trouble, aucun découragement. Moins elle trouvait sous sa main d'appuis naturels, plus elle rencontrait d'obstacles; plus aussi elle agrandissait son cœur du côté de Dieu, plus aussi elle s'appuyait sur la protection de Dieu, persuadée qu'il n'abandonne jamais ceux qui espèrent en lui.

Cependant le Seigneur, qui se plaît à récompenser même en ce monde ses plus fidèles servantes, ne se contenta point de la protéger des dangers, ni de l'assister dans les circonstances les plus critiques; comme gage de son amour et de sa prédilection, il lui donna encore des objets sensibles.

Telle est la croix d'or qui fut apportée à sainte Colette, lorsqu'elle se trouvait au couvent de Besançon, et avec laquelle elle ressuscita plus de cent enfants morts sans baptême[1]. Ce fut en l'année 1413 que ce présent du Ciel lui fut donné par saint Jean l'Evangéliste. On conserve encore cette croix dans le couvent de Besançon, où on l'expose tous les ans à la vénération des peuples, le 6 mars. La révérende mère abbesse Claire du Puget, dans une circulaire adressée à toutes les maisons de l'Ordre, le 22 janvier 1624, la dépeint en ces termes: La croix est en or, de la grandeur de celle des évêques; elle renferme en dedans, d'un côté, un petit morceau du bois de la croix sur laquelle Jésus-Christ a expiré; de l'autre un crucifix. Elle a une perle précieuse à chaque angle; quatre perles pendantes aux quatre angles; aux extrémités de chaque croisillon, une pierre précieuse, et une cinquième pierre précieuse au-dessous des quatre. La sœur Elisabeth de Bavière assure l'avoir baisée plusieurs fois au couvent de Besançon. Saint Vincent Ferrier, pendant le temps de la mission qu'il donna à Besançon, vint aussi la vénérer avec beaucoup de respect. Après avoir échappé au Vandalisme révolutionnaire, elle fut portée au couvent de Poligny, où on la vénère encore avec le même respect qu'autrefois à Besançon[2].

Telle est encore cette belle prière, qui, selon la pieuse tradition conservée dans la famille de saint François, fut remise à la Sainte par le ministère d'un ange. Voici en quelles circonstances.

(1) S. Perrine, fol. 22. S. Elisabeth, dépos.
(2) Surius tom. 2. Marc de Lisbonne. cap. 16. Michel Notel. S. Laurent. P. Seiller.

Sainte Colette était à Besançon travaillant à l'œuvre de la Réforme, inspirant à ses religieuses, comme un des moyens les plus efficaces, la dévotion envers Marie, reine du ciel et de la terre. La sainte Vierge agréa si fort ce dévouement des filles de Besançon qui avaient protesté qu'elles lui seraient toujours fidèles, qu'elle envoya un Ange du ciel pour remettre de sa part à la sœur Colette et à ses religieuses, une prière qu'on devait réciter tous les jours en son honneur.

Cet Ange d'une rare beauté, tout éclatant de lumière, parut visiblement au chœur à la fin de l'office. Il dit aux religieuses de ne rien craindre, puis il se mit à genoux, récita l'*Ave Maria* ainsi que l'oraison suivante :

Benedicatur hora qua Deus et homo natus est, et spiritus sanctus de quo conceptus est; et illa Virgo gloriosissima Maria, de qua natus est, sit benedicta; et per illam Virginem Mariam de qua Deus et homo natus est, et per illam sacratissimam horam in qua natus est, exaudiantur preces meæ; et impleatur omne desiderium meum in bonum. Jesu pie et bone, noli me propter peccata mea derelinquere, neque vindictam de peccatis meis sumere, sed exaudi me, et imple desiderium meum in bonum, ad laudem et gloriam nominis tui. Amen.

Cette prière bénie était en latin. Quand l'Ange l'eut remise entre les mains de sainte Colette, à qui Dieu avait accordé le don des langues, elle l'expliqua en français à ses religieuses.

En voici la traduction, telle qu'elle est conservée aux archives de Besançon :

« Que l'heure de la naissance de l'Homme-Dieu soit bénie ; que le Saint-Esprit dont Jésus-Christ a été conçu soit béni ; que la très-glorieuse Vierge Marie dont ce Dieu-Homme est né soit béni et par l'intercession de cette glorieuse Vierge Marie, et par le souvenir de cette heure très-sainte à laquelle il est né, que mes prières soient exaucées, et que tous mes bons désirs s'accomplissent.

» O Jésus, qui êtes la miséricorde et la bonté même, ne m'abandonnez pas à cause de mes péchés, et ne les punissez pas comme ils le méritent, mais exaucez ma très-humble prière, et accordez-moi le bien que je vous demande pour l'honneur et la gloire de votre saint Nom. Ainsi soit-il. »

On garde l'original de cette prière dans les archives de la maison-mère de Besançon, d'où elle a été envoyée en son temps dans tous les couvents de l'Ordre. On la récite journellement après l'office, en la faisant précéder de l'*Ave Maria*. — Cette prière qu'on appelle partout l'oraison de sainte Colette a toujours été en grande vénération, à cause des grâces sans nombre qu'elle a fait obtenir du Ciel. — Monseigneur l'Evêque d'Amiens, Jacques-Antoine Boudinet, a attaché quarante jours d'indulgences à la récitation de cette prière.

Telle est enfin cette faveur insigne que sainte Colette reçut de Dieu. La sainte Réformatrice était au couvent d'Hesdin, en 1446[1]. Un jour qu'elle se trouvait absorbée dans une haute contemplation,

---

(1) P. Séraphin.

l'apôtre saint Jean, le disciple bien-aimé du Sauveur, lui apparut environné d'une douce clarté et lui mettant au doigt un anneau d'or, il lui dit : « Soyez pour toujours l'épouse de Jésus-Christ. Cet anneau est le signe de l'alliance qu'il contracte avec vous. » Après ces paroles, le messager céleste disparut, laissant la Sainte dans les transports d'amour.

Ce fait est attesté par la sœur Perrine, qui, ainsi que bien d'autres religieuses et religieux, déclara avoir vu et porté ce précieux gage du Ciel. Car la Sainte le donnait volontiers à porter à ceux qui avaient un voyage à faire ou une mission importante à remplir. Ainsi, le R. P. François Pierre de Vaux, confesseur de la Sainte, atteste l'avoir porté à Rome. Un autre religieux, nommé Pierre Helbécourt, du couvent de Hesdin, déclare l'avoir baisé à Péronne, où cet anneau avait été porté. Enfin Michel Notel, qui fit imprimer la vie de sainte Colette à Mons, en Hainaut, l'an 1594, dit qu'il fut donné à l'abbaye de Saint-Pierre de Gand, de l'Ordre de Saint-Benoît, où il fut conservé dans la trésorerie jusqu'en 1577, époque à laquelle le couvent fut saccagé par les Huguenots.

Le procès de béatification de sainte Colette fait mention de ce don précieux du Ciel qui lui fut accordé. Les Bollandistes et tous les auteurs qui ont écrit la vie de la Sainte n'élèvent aucun doute sur l'existence de cet anneau merveilleux, qui fut un témoignage authentique et de la pureté que la Sainte a pratiquée d'une manière si admirable pendant toute sa vie, et de la prédilection que Dieu avait pour sa fidèle servante.

CHAPITRE VI.

LES VERTUS DE SAINTE COLETTE. — OBÉISSANCE.
PURETÉ. — PAUVRETÉ.

Nous avons considéré jusqu'à présent sainte Colette au sein de la famille, dans son ermitage de Corbie ; nous l'avons suivie jusqu'aux pieds du Souverain Pontife Benoît XIII, où elle reçut le titre de Réformatrice Générale des trois ordres de Saint-François et de Sainte-Claire ; nous avons été témoins de ses épreuves, de ses luttes, et des entreprises qu'elle fit pour ranimer la ferveur, la piété, la mortification, la règle dans les couvents de la Réforme ; nous avons vu le zèle et le courage qu'elle montra pour éteindre les schismes qui désolaient l'Eglise et rétablir la paix ; enfin, nous avons été émerveillés des faveurs extraordinaires que Dieu lui accorda, des prodiges que cette Sainte opéra pendant le cours de sa vie. Il nous reste, pour avoir une idée plus complète de la sainte Réformatrice, à considérer plus particulièrement ses vertus.

Dans cette étude, qui fait connaître à fond les saints, qui révèle le mystère de leur puissance, et la source de leur gloire, qui est, en quelque sorte, l'âme de leur vie, nous commencerons par les trois vœux de religion ; savoir, les vœux d'obéissance, de chasteté, de pauvreté ; car ces trois vertus renferment l'essence de la perfection chrétienne et forment le contre-poids des trois grandes concupiscences, qui, au témoignage de l'Apôtre, entraînent l'homme au mal : l'orgueil de la vie ou l'esprit de domination, la concupiscence de la chair ou la volupté, et la concupiscence des yeux ou l'avarice.

Obéissance. — Il n'est pas de renonciation plus difficile que la renonciation à soi-même, à sa volonté propre, à son propre jugement, comme il n'est pas de sacrifice plus pénible à la nature que de soumettre constamment au joug de l'obéissance son jugement et sa volonté. C'est une immolation continuelle, qui surpasse celle des martyrs, victimes des persécutions de l'Eglise. Voilà pourtant l'immolation que Notre-Seigneur Jésus-Christ demande de ses disciples et en particulier de ceux qui se sont consacrés à lui. Sainte Colette avait bien compris la nécessité de cette vertu de l'obéissance, car elle en fit la règle de toute sa vie et la base de sa réforme dans les couvents. Elle s'attacha à devenir une copie fidèle de Jésus-Christ, obéissant jusqu'à la mort. Nous l'avons vue, dans sa jeunesse, se tenir sous la dépendance absolue de ses parents, qui étaient pour elle les représentants de Dieu ; et sous celle de ses directeurs, dont les avis et les conseils étaient comme autant d'ordres venus du ciel. Plus tard, lorsqu'elle fut établie Supérieure Générale de tous les couvents, elle continua de marcher dans la même voie de l'obéissance ; observant avant tout et par-dessus tout la Loi de Dieu, les préceptes de la conscience et les avis de ses Supérieurs. Son bonheur était de pouvoir pratiquer cette vertu vis-à-vis de ses inférieures. Aussi, la révérende mère Guillemette, première Abbesse d'Hesdin, ne craignit point de faire à son sujet cette déposition juridique : « Que sainte Colette obéissait non-seulement aux commandements de Dieu et de la Religion, mais aussi aux princes et à ses religieuses [1]. » Quand sainte Colette donnait quelques avis salutaires à quelque religieuse, elle l'exhortait avant toute chose à reconnaître et à pratiquer l'observance de la loi de Dieu. Quand un prédicateur venait au couvent faire l'instruction, sainte Colette lui recommandait surtout d'exhorter ses religieuses à l'observance des lois Divines et Ecclésiastiques. Se trouvait-elle avec les Magistrats et les gouverneurs de la ville, elle n'avait rien tant à cœur que de les engager à user de leur crédit pour faire observer les fêtes religieuses [2]. Voici en quels termes sainte Colette recommandait à ses religieuses l'obéissance dans ses constitutions. Il nous suffira de citer le texte original, pour montrer quelle estime et quel amour sainte Colette avait pour cette vertu. « Mes sœurs, vous devez prendre soigneusement garde, que quand vos supérieurs auront commandé, ou défendu quelque chose, vous ne veuillez user de votre propre jugement, conseil et volonté, mais plutôt vous devez promptement et volontairement vous soumettre à obéir à la volonté et détermination de votre Abbesse et présidente, pour

(1) S. Perrine fol. 7. (2) Surius. cap. 8.

l'amour de Notre-Seigneur Jésus-Christ, lequel conversant sur cette terre avec nous, s'est conformé en toutes ses actions au bon plaisir de son père céleste; car il vaut mieux beaucoup délaisser son propre sens, avis et volonté, pour l'amour de Dieu, que les retenant, gagner et acquérir toutes les richesses du monde. Et je ne crois point qu'il y ait un chemin plus large, ni qui mène plutôt les âmes à la damnation éternelle que la propre volonté; ni au contraire, une adresse plus courte et plus droite pour arriver à la vie éternelle que de renoncer à sa volonté. A cette cause, je vous exhorte et admoneste pour l'honneur et le respect de Notre-Seigneur Jésus-Christ, lequel étant en cette vallée de misères, s'est incessamment rendu obéissant à son père, jusqu'à la fin de sa très-amère et très-douloureuse passion, de vouloir promptement et franchement obéir à votre supérieure, sans montrer aucun signe de rébellion, contradiction, ni excuse quelconque [1]. »

Dieu récompensa bien l'obéissance de sainte Colette, en bénissant toutes ses entreprises, en lui donnant la victoire sur le démon, sur le monde, sur elle-même, et en soumettant, pour ainsi dire, toute la nature. On pourrait même ajouter que si sainte Colette a accompli tant de merveilles, tant de prodiges et de miracles, c'est à la puissance de l'obéissance qu'elle le dût. Ce fait en est la preuve, car étant un jour entrée dans le monastère d'Auxone, où presque toutes les religieuses se trouvaient retenues au lit par

---

[1] Surius. cap. 7. Pierre de Vaux. cap. 3.

la fièvre, sainte Colette ne leur adressa que ce mot. « Levez-vous, mes sœurs, en vertu de la sainte obéissance, je vous le commande. » Et à l'instant même, toutes les religieuses se trouvèrent complétement guéries.

Chasteté. — Sainte Colette connut de bonne heure le prix de cette belle vertu, car dès son enfance, elle eut une prédilection particulière pour l'aimable pureté. Elle surveillait avec un soin extrême les mouvements de son cœur, de peur qu'une pensée ou un désir contraire à la chasteté ne pût y entrer ; elle imposait à ses sens une garde continuelle, de peur que le démon, cet ennemi juré de la chasteté n'entrât dans son âme par ces fenêtres : enfin, elle évitait tout ce qui aurait pu ternir la fleur de son innocence. Sa délicatesse pour la vertu Angélique était si grande que la vue ou la rencontre d'une personne du sexe lui faisait monter le rouge à la figure. Nous avons vu, du reste, en deux circonstances particulières, le courage que sainte Colette montra pour défendre son innocence, lorsqu'un impudent osa proférer à ses oreilles des paroles inconvenantes et lorsqu'elle entendit faire l'éloge de sa beauté. La Sainte préféra renoncer à tous les avantages de la nature, plutôt que d'être exposée à perdre son innocence, ou à être un sujet de perdition pour les autres[1]. Tous les auteurs qui ont écrit la vie de notre Sainte, n'hésitent point d'affirmer qu'elle conserva son innocence depuis le

---

(1) Pierre de Vaux. cap. 9. Marc de Lisbonne. cap. 11. Surius. cap. 18. La Légende de Gand. cap. 8.

premier instant de sa vie, jusqu'à son dernier soupir. Chose étonnante ! Parmi toutes les injures, les insultes, les calomnies qu'elle eut à essuyer pendant le cours de sa vie, Dieu ne permit jamais qu'on osât porter atteinte à son honneur, à sa vertu.

Cet amour de sainte Colette pour l'aimable vertu, se traduisait non-seulement dans son maintien, dans ses regards, dans ses paroles, mais encore dans les objets qu'elle recherchait, et qui lui rappelaient plus fidèlement la pureté. Ainsi elle affectionnait plus particulièrement les colombes, à cause de leur simplicité ; les agneaux, à cause de la blancheur de leur toison, et parce que Notre Divin Sauveur s'est fait appeler l'agneau de Dieu ; tandis qu'au contraire, elle avait de l'aversion pour les animaux immondes.

Sainte Colette ne cessait également de recommander la pureté à ses religieuses. Ce fut pour les mettre en garde contre les atteintes dangereuses et même contre les occasions, qu'elle demanda et obtint du Pape une bulle qui interdisait l'entrée de ses cloîtres non-seulement aux personnes du sexe, mais aussi aux femmes veuves.

Il ne faut pas s'étonner, après cela, si la seule vue de sainte Colette suffisait pour faire aimer la chasteté, et pour changer le cœur des impudiques. Voici ce que rapportent les historiens à ce sujet. Un prince devenu plus célèbre par sa pénitence que par le sang qui coulait dans ses veines, Jacques de Bourbon, a déclaré que la seule vue de Colette avait suffi pour lui inspirer la plus vive horreur de la vie licencieuse qu'il avait menée jusque-là.

Cette vertu si précieuse dans notre Sainte devait la rendre bien chère aux yeux de Dieu ; aussi plusieurs fois pendant sa vie, elle reçut du Ciel les témoignages les plus sensibles qui faisaient voir combien était agréable au Tout-Puissant son exquise délicatesse. Car étant à Hesdin, l'apôtre saint Jean vint lui remettre, de la part de Dieu, un anneau qui était le signe de l'alliance que le Seigneur contractait avec elle. Et une autre fois, se trouvant à Besançon, elle fut ravie au troisième ciel, en présence de toutes les religieuses de la communauté, qui la perdirent même de vue.

Pauvreté. — A l'exemple du Divin Sauveur qui fit son entrée dans le monde avec les livrées de la pauvreté, qui, pendant toute sa vie, fit de l'indigence sa compagne inséparable ; à l'exemple de saint François d'Assise, qui se fit l'amant de la Pauvreté; et de sainte Claire, qui poussa la pratique de la pauvreté jusqu'aux dernières limites du possible et fonda l'ordre des pauvres filles Clarisses, qui se nourrissent de privations, sainte Colette voulut marcher sur de si nobles traces, et se rendre conforme à son Divin Maître, qui n'avait où reposer la tête, et qui mourut, comme il avait vécu, dans le plus complet dénuement. Non contente d'aimer la pauvreté, de rechercher les pauvres, de les soulager pour l'amour de Dieu, sainte Colette se fit pauvre elle-même, en se dépouillant de tous les biens qu'elle tenait de ses parents. Pendant les quatre années qu'elle fut ensevelie dans son ermitage comme dans un tombeau, elle ne soutint son existence qu'avec les aumônes que la charité publique lui apportait. Plus tard, quand elle entra en communauté, elle choisit de préférence l'ordre le plus austère, le plus pauvre, celui des pauvres filles de Sainte-Claire.

Mais c'était peu pour sainte Colette d'aimer la pauvreté, de la pratiquer : son cœur était si embrasé d'amour pour cette vertu, qu'elle mérita d'être choisie de Dieu pour remettre en vigueur et faire refleurir la sainte pauvreté dans tous les ordres monastiques où elle était tombée en oubli. Alors, non contente de prêcher la pauvreté par ses paroles et ses exhortations, elle voulut aussi que tout son extérieur fît aimer cette vertu. Pour cela, elle ne porta jamais sur elle qu'un pauvre habit, tout couvert de pièces. « J'ai vu, disait sœur Elisabeth, le premier habit que notre saint Père lui donna au moment où il l'institua réformatrice de tous les ordres ; mais si usé, si plein de pièces qu'à grand'peine on ne pouvait trouver un morceau du premier drap. » Sainte Colette était toujours vêtue en hiver comme en été ; jamais on ne la vit se chauffer, même dans les plus grands froids. Jamais elle ne porta de chaussures aux pieds, pas plus au couvent qu'à la campagne ; en voyage, que dans les maisons séculières[1].

Son confesseur rapporte que jamais elle ne porta un habit neuf, il fallait toujours que les manches ou le corps de l'habit aient déjà servi[2] Une fois, les religieuses lui ayant apporté un habit avec les manches doublées parce qu'il faisait grand froid, la

---

(1) Pierre de Vaux. fol. 8. Surius. cap. 14.
(2) Sœur Perrine, fol. 30. Marc de Lisbonne, cap. 9.

Sainte fit aussitôt enlever la doublure. Le voile qu'elle portait sur elle, était simple, grossier et bien souvent il était raccommodé. Que dire de sa couche¹? Elle se composait d'une botte de paille retenue par des bûches; son oreiller était un morceau de bois en travers. Quant à son oratoire, il était si obscur, si bas, qu'il ressemblait plus à un tombeau qu'à toute autre chose. Lorsqu'il s'agissait de bâtir des couvents, sainte Colette voulait toujours que l'esprit de pauvreté y respirât. Les cellules en étaient basses, simples et dépourvues de tout ornement. C'est par ce même esprit de pauvreté, que sainte Colette refusait les revenus ou rentes qu'on offrait aux communautés, et qu'elle défendait à ses religieuses de jamais se préoccuper des provisions pour l'avenir. Dans une circonstance particulière, Dieu fit voir combien cet amour de la pauvreté dans son humble servante lui était agréable. Car un jour qu'elle discourait sur la pauvreté extrême de Notre-Seigneur Jésus-Christ et de ses apôtres, toutes les religieuses présentes virent apparaître les douze apôtres portant leurs noms écrits sur leurs vêtements, puis remonter au ciel. Les religieuses étaient dans le plus grand étonnement, et ne comprenaient point ce que voulait signifier ce prodige. « Mes filles, leur dit la Sainte, les riches princes de l'Eglise triomphante, qui furent les monarques de l'Eglise militante, ont acheté ces magnificences que vous avez vues, avec la pauvreté. » Paroles qui font de la pauvreté le plus bel éloge.

(1) Surius, cap. 14.

CHAPITRE VII.

LES VERTUS DE SAINTE COLETTE. — HUMILITÉ. — PÉNITENCE. RELIGION.

Nous avons eu plus d'une fois déjà occasion d'admirer les sentiments humbles de sainte Colette, surtout lorsqu'elle se vit appelée de Dieu pour la réforme des trois ordres de Saint-François, et en particulier des pauvres filles de Sainte-Claire. Elle était alors si pénétrée de son indignité, de son néant, de sa faiblesse, qu'il fallut des moyens violents pour la décider à accepter cette mission. Et lorsqu'elle se vit instituée réformatrice par Benoît XIII, quelle peine n'éprouva-t-elle point en acceptant cette dignité ! Quel combat elle eut à soutenir pour vaincre ses répugnances ! L'obéissance seule fut capable de la consoler de la haute dignité qu'on lui avait conférée. Mais ce fut surtout à son retour à Corbie, après avoir quitté le Pape, que la Sainte fit briller sa vertu dans tout son jour. Car on la traita de sorcière, de visionnaire ; on vomit contre elle mille outrages, mille insultes. Sainte Colette supporta tout sans murmures, et avec une gaîté de cœur incroyable ; s'estimant trop heureuse de pouvoir souffrir quelques humiliations pour le nom de Jésus-Christ.

CHAPITRE VII.

L'humilité de sainte Colette ne paraissait jamais plus vive qu'au milieu de ses succès et des ovations qu'on lui décernait partout; car alors même qu'elle se voyait à la tête de toutes les maisons qu'elle avait fondées ou réformées, alors qu'on la réclamait de tous côtés, alors qu'on exaltait sa vertu, sa sainteté, alors même qu'elle opérait des prodiges, la Sainte se considérait comme la dernière des sœurs. Ce qui a fait dire à la première abbesse du couvent d'Hesdin, sœur Guillemette, que sainte Colette s'humiliait si profondément que nulle créature ne pouvait le croire. Il semblait, en effet, à l'entendre parler, qu'elle fût la créature la plus défectueuse qui existât dans le monde, et que jamais elle n'eût fait aucun bien. Chose merveilleuse! disait sœur Elisabeth, comme sainte Colette se réputait vile et abominable créature, affirmant que devant Dieu elle était pire que les plus grands pécheurs du monde, et que l'enfer n'était pas suffisant pour punir ses offenses.[1]

Et pourtant on sait d'après le témoignage du R. P. François Claret son confesseur que sainte Colette mena sur la terre une vie angélique, et qu'elle ne souilla jamais sa conscience d'aucun péché mortel.

Lorsqu'il arrivait qu'une personne méconnaissant ses mérites ou ses vertus, l'insultait, l'injuriait, on voyait aussitôt le visage de la Sainte s'épanouir de joie et de bonheur, tant elle aimait les humiliations, tant elle les désirait. Aussi, dans ses lettres et ses correspondances, sainte Colette, bien pénétrée de

---

(1) Surius, cap. 4.

son néant, ne s'appelait jamais que « l'indigne servante du Seigneur. » Dans tous les règlements et statuts qu'elle fit pour les maisons religieuses, elle ne se qualifiait que du nom de « sœur Colette, petite et humble » ou bien « indigne servante de Notre-Seigneur » ou encore « pauvre et inutile religieuse de Sainte-Claire. » Elle n'aimait point qu'on lui donnât le nom de Mère Abbesse, pas même les religieuses. Elle voulait, au contraire, qu'on l'appelât seulement sœur Colette, comme les autres. Elle ne pouvait souffrir non plus qu'on lui donnât le titre de Réformatrice de l'ordre de Sainte-Claire, ou d'Abbesse. Nulle religieuse n'osait lui parler de ses miracles, ni de ses vertus, ni de sa sainteté, car c'eût été lui causer la plus grande des peines. Jamais personne, excepté ses confesseurs, ne connut les grâces intérieures dont Dieu la favorisait. Un jour sainte Colette apprit que le R. P. Henri avait écrit sa vie en secret, dans laquelle il avait relaté ses miracles et ses vertus, que fait-elle? Elle demanda au Père Henri à voir cet ouvrage, et aussitôt qu'elle l'eut entre ses mains elle le jeta au feu. Comme elle voulait donner à ses religieuses l'exemple en toutes choses, et que ni son âge, ni son titre de supérieure, ni sa qualité de Réformatrice Générale, ne lui paraissaient point des motifs suffisants, elle remplissait dans la maison les offices les plus bas et les plus humiliants. Ainsi, elle servait à son tour au réfectoire, balayait les escaliers, allait à la cuisine préparer les aliments, comme la dernière des religieuses. Et dans sa simplicité, elle appelait la semaine dans laquelle elle rendait à ses religieuses ces humbles services, « sa bonne semaine. » Un jour qu'elle avait ressuscité un mort, après s'être dérobée à toutes les félicitations, elle passa toute la soirée à la cuisine, comme si elle eût voulu par cet acte d'humilité effacer ce qu'il y avait de glorieux pour elle dans le miracle qu'elle venait d'opérer. Voici de nouveaux faits qui prouvent que plus Dieu glorifiait son humble servante par des faveurs extraordinaires, par des prodiges, et plus elle s'anéantissait à ses propres yeux. En effet, elle venait de ressusciter un enfant mort sans baptême et enterré depuis trois jours. Aussitôt la Sainte va se cacher dans sa chambre où elle reste tout le jour. Le soir, lorsqu'elle revint au chœur pour l'office, toutes les religieuses se levèrent et allèrent se mettre à genoux devant elle ; et la mère Vicaire, prenant la parole au nom de toutes les religieuses, lui dit combien elles se félicitaient du bonheur qu'elles avaient de vivre avec une Sainte et sous son autorité. Alors sainte Colette lui adressa ces paroles où respire le sentiment de la plus profonde humilité : « Mes filles et mes chères sœurs, ce n'est pas moi comme vous le savez qui ai fait ce prodige. Aidez-moi à remercier Dieu qui veut autoriser notre Réforme par ce miracle. Vous en feriez plus que moi, vous toutes, si vous n'épargniez rien pour gagner le cœur du Très-Haut. »

A Poligny, sainte Colette venait de ressusciter une religieuse ; aussitôt après, elle se déroba aux yeux de la multitude qui ne se lassait de contempler la Sainte ; pendant trois jours, elle resta enfermée dans sa cellule, sans se montrer même à la communauté. La première fois qu'elle reparut au milieu de ses filles, elles se précipitèrent toutes à ses genoux. Mais aussitôt la Sainte les releva en disant : « Qui suis-je, mes chères sœurs, pour vous abaisser ainsi devant moi ? Gardez tous vos hommages pour celui qui est le Souverain Maître de la vie et de la mort. Etonnez-vous qu'il daigne se servir d'une créature aussi vile et aussi indigne que moi pour opérer ses merveilles. Il en ferait bien davantage encore, si l'instrument dont il se sert n'était pas un obstacle à l'exercice de sa puissance et de sa bonté. » Voilà l'idée que cette incomparable fille avait d'elle-même.

La plus rare mortification achevait dans la sainte Réformatrice l'œuvre commencée par l'humilité. Sa vie fut, pour ainsi dire, un martyre continuel, tant elle s'adonnait aux jeûnes, aux austérités, aux privations, aux macérations. Quelques auteurs rapportent qu'à l'exemple du Sauveur, sainte Colette passa tout un carême sans prendre aucune nourriture. La sainte communion suffisait seule pour entretenir en elle la vie. D'autres nous assurent qu'elle avait ceint son tendre corps d'un cercle de fer, qui à la longue s'enfonça si profondément dans les chairs, qu'il en était entièrement recouvert, à l'exception de l'anneau qui sortait dehors. Son confesseur, le P. Henri, en ayant eu connaissance, lui commanda en vertu de la sainte obéissance d'ôter ce cercle de fer, parce que sa vie si précieuse pour l'ordre pouvait se trouver compromise. Que fait alors notre Sainte [1] ? Sans pitié pour

---

(1) Sœur Perrine.

son pauvre corps, elle passe l'anneau dans un crampon attaché à la muraille et se met à tirer en sens contraire avec de tels efforts qu'une partie des chairs resta attachée au fer, ce qui lui causa des douleurs indicibles. Mais loin de se plaindre, sainte Colette ne se trouvait jamais plus heureuse que lorsqu'elle avait occasion de souffrir, de mortifier sa chair ou ses sens. Aussi, l'aumônier du Comte de la Marche étant venu la visiter, lui demanda ce qui pouvait la faire souffrir davantage en ce monde : ce serait, dit la Sainte, de passer une journée sans avoir occasion de souffrir. Lorsqu'elle se trouvait à Besançon, sainte Colette eut de terribles persécutions à supporter de la part du démon, qui allait jusqu'à la maltraiter pendant la nuit. Au lieu de s'en plaindre, sainte Colette disait avec joie à ses religieuses, en entrant dans sa cellule : je vais commencer mon martyre.

Dans les dix dernières années de sa vie, pendant lesquelles il plut à Dieu de crucifier sa servante, pour la purifier et la rendre plus digne du ciel, la Sainte au lieu de se fatiguer de cette vie pénible soupirait encore après d'autres souffrances, et, comme l'Apôtre, elle paraissait surabonder de joie au milieu de ses souffrances.

Faut-il s'étonner après cela que sainte Colette ait eu une si grande dévotion à Jésus-Christ souffrant. La passion du Sauveur faisait en effet le sujet le plus ordinaire de ses méditations. Les vendredis, elle vaquait à ce saint exercice, depuis six heures du matin jusqu'à six heures du soir, sans prendre aucune nourriture.

Durant ce temps-là, son esprit et son cœur n'étaient occupés que des souffrances de Jésus-Christ, et ils en étaient si vivement touchés, qu'ils donnaient à ses yeux une source abondante de larmes. Sa ferveur pour Jésus-Christ crucifié ne connaissait pas de bornes pendant la Semaine-Sainte. De même pendant le sacrifice de la messe, qui lui représentait celui de la Croix, elle ne pouvait modérer les transports de son amour.

Cet amour de sainte Colette pour les souffrances, et cette tendre compassion qu'elle ressentait pour tout ce qui lui rappelait la mort de l'Homme-Dieu, rendait aussi son âme très-sensible envers les âmes qui souffrent en Purgatoire. Dans le but de les soulager, elle récitait tous les jours beaucoup de prières à leur intention et en particulier l'office des morts. Elle voulait aussi que dans tous les monastères on récitât tous les jours, excepté les trois premiers jours de la Semaine-Sainte, ce même office des morts à l'intention des âmes du Purgatoire. Quand une religieuse mourait, Dieu permettait toujours qu'elle apparût à sainte Colette et lui fît connaître l'état de gloire ou de souffrance dans lequel elle se trouvait. La Sainte ordonnait alors, s'il en était besoin, des prières publiques, pour obtenir une délivrance plus prompte. Que d'âmes elle soulagea ainsi! On raconte qu'à sa mort ces âmes vinrent au devant de notre Sainte du séjour de la gloire où elles étaient entrées par ses prières, et se réunirent aux anges pour célébrer son triomphe dans les cieux.

La piété de sainte Colette envers le très-saint

Sacrement n'était pas moins grande. La Sainte passait souvent les nuits entières en prière devant le très-saint Sacrement, ne donnant au sommeil guère plus d'une heure. On était toujours assuré de trouver la Sainte la première à minuit au chœur et à l'office. Souvent, après la sainte communion, la Sainte était éprise d'un si grand amour, d'une union si intime avec son Dieu, qu'elle tombait en extase. Aussi, Notre-Seigneur lui apparaissait fréquemment, et lui faisait goûter des délices ineffables. Quand sainte Colette assistait au sacrifice de la messe, quand elle se préparait à la sainte communion, elle y mettait tant de dévotion que souvent on a vu le feu sortir de sa bouche, et son visage devenir tout éclatant de lumière. Après cela, devons-nous nous étonner, si Notre-Seigneur Jésus-Christ lui-même, ainsi qu'il est rapporté au procès de sa béatification, daigna lui administrer la communion de ses propres mains, un jour que le prêtre s'était retiré de l'autel, sans avoir remarqué que la Sainte voulait communier.

Du reste, tant de faveurs singulières étaient bien justifiées par l'amour ardent que la Sainte portait au Sauveur du monde. Elle avait surtout une dévotion toute particulière pour sa passion, et elle en méditait continuellement les souffrances.

Ce qu'elle aimait le plus, après Notre-Seigneur, était sa très-sainte Mère. Elle avait envers elle une tendre dévotion, l'honorant par tous les moyens qui étaient en son pouvoir, récitant souvent pour les pécheurs et pour elle-même la salutation angélique.

Elle était aussi fort dévote à sainte Anne, mère de la très-sainte Vierge. Elle lui dédiait la chapelle des nouveaux monastères qu'elle établissait. Entre autres, elle lui en fit faire une à Besançon qui était d'une grande magnificence. Ce fut dans cette chapelle, que le R. P. Henri, arrivé à la fin de sa carrière, voulut recevoir les derniers sacrements et rendre son âme à Dieu. Le roi de Naples, Jacques de Bourbon, eut la même dévotion. Sainte Colette célébrait chaque année solennellement la fête de sainte Anne et cet usage s'est conservé parmi ses religieuses. Il en était de même de son amour pour son Ange Gardien, pour le séraphique patriarche saint François et pour sainte Claire.

Et non contente de pratiquer pour sa propre sanctification, toutes ces dévotions, elle les faisait également goûter par ses religieuses ; elle leur recommandait surtout quatre choses : l'amour de Dieu, l'acquisition et l'augmentation de la grâce, la patience dans l'adversité et la pauvreté évangélique qu'elle disait être la mère nourricière des cloîtres les mieux réglés.

Comme on le voit, la vie de sainte Colette est un miroir où se reflètent toutes les vertus chrétiennes. Mais quelque remarquable que fût en sainte Colette la réunion de toutes les vertus, il y avait pourtant quelque chose de plus remarquable encore, c'était la manière dont ces vertus s'étaient développées successivement et perfectionnées en son âme. Car sous ce rapport, comme le remarque judicieusement un pieux auteur, tous les saints ne se ressemblent pas. Ainsi il y en a qui se donnent à la vertu que tard, après avoir dissipé leur jeunesse dans les vanités du monde et les passions désordonnées, tels saint Jérôme et saint Augustin. Il y en a d'autres, qui se consacrent à Dieu de bonne heure, mais qui s'arrêtent ensuite, s'attiédissent un instant, et reprennent ensuite leur élan vers le ciel, témoin sainte Thérèse. Quelques-uns enfin, consacrés à Dieu dès leur berceau, disposent de bonne heure dans leurs cœurs, ces mystérieuses ascensions dont il est parlé dans l'Ecriture, et du berceau à leur tombe, leur vie est un progrès continuel qui ne s'arrête jamais. Sainte Colette de Corbie fut une de ces âmes d'élite. Car elle passa, ainsi que nous l'avons vu, d'une pieuse enfance à une jeunesse plus pieuse encore, et de celle-ci à un âge mûr admirable pour s'élever ensuite à la vie parfaite qui se termine par l'union intime avec Dieu, et la possession de la gloire éternelle.

CHAPITRE VIII.

MORT DE SAINTE COLETTE (1447).

L'apôtre saint Paul se trouvant à Milet annonça aux prêtres d'Ephèse qu'il allait bientôt les quitter; car, disait-il, Dieu m'appelle à lui. Aussitôt ces prêtres se mirent tous à verser des larmes abondantes, et à se lamenter de ce que jamais ils ne le verraient plus sur cette terre. Ainsi en arriva-t-il des religieuses du couvent d'Hesdin, lorsque la sainte Réformatrice leur annonça que bientôt son âme quitterait la prison de son corps pour s'envoler dans le sein de Dieu [1]. Sainte Colette avait appris, en effet, par révélation, qu'elle mourrait le 6 mars 1447.

C'est pourquoi elle quitta le couvent le 1er décembre de l'année 1446, au milieu d'une foule immense qui obstruait la porte et remplissait les rues. De tous côtés, on accourait pour dire adieu à la Sainte, la saluer une dernière fois; les malades eux-mêmes se faisaient placer aux fenêtres, tant ils regrettaient le départ de la Sainte. De Hesdin, sainte Colette se rendit à Courtrai, accompagnée de la sœur Elisabeth de Bavière, d'une novice à qui elle venait de

---

(1) Dépositions de la sœur Elisabeth.

rendre la vie miraculeusement, de sa chère sœur Perrine, et de quelques autres religieuses en petit nombre. En passant par la ville de Courtrai, la Sainte découvrit la supercherie d'une religieuse qui faisait croire au monde qu'elle vivait sans prendre aucune nourriture, tandis qu'au contraire elle faisait bonne chère en secret et pendant la nuit.

De Courtrai, la sainte caravane se rendit à Gand en six jours et arriva au couvent de Bethléem, le 6 décembre 1446, jour de la fête de saint Nicolas, patron de la Sainte. Ce couvent avait été ainsi nommé Bethléem, à cause de sa petitesse, de sa pauvreté, de sa simplicité. Aussi sainte Colette avait toujours souhaité d'y rendre à Dieu sa belle âme. Ce fut donc avec des transports de joie qu'elle y entra, et qu'elle y fut accueillie par toutes les religieuses.

Mais à peine la sainte Réformatrice y était-elle installée de quelques jours, qu'elle ressentit les premières atteintes de cette maladie qui devait l'emporter; et bien que les symptômes n'avaient rien d'alarmant, cependant sainte Colette fit pressentir que sa mort approchait. En effet, Philippe de Saveuse faisait alors construire un couvent à Arras, comme il en avait fait construire un à Amiens [1]. Il vint donc prier la sainte Abbesse, quand le couvent fut terminé, de venir en personne fonder le poste et y établir les religieuses de l'ordre. Mais sainte Colette lui répondit en levant les yeux au ciel :

---

(1) Mémoires du couvent d'Arras.

« Si je n'y vais pas pendant ma vie, j'irai après ma mort. » On ne comprit pas alors ce qu'elle voulait dire par ce peu de mots; mais par la suite on vit combien la Sainte avait dit vrai. Car, en 1578, les hérétiques s'étant emparés du couvent de Gand, les religieuses se réfugièrent à Arras où elles emportèrent le corps de leur sainte Fondatrice. Elles y demeurèrent environ un an, et revinrent ensuite à Gand avec leur précieux dépôt.

Tout le temps qui s'écoula, depuis l'arrivée de la Sainte au couvent de Bethléem jusqu'à sa mort, fut employé à mettre ordre à la maison et à l'avenir de la réforme, sans que la faiblesse de son corps qui augmentait toujours avec la maladie, empêchât sa liberté d'esprit.

Le jour qui précéda celui où elle tomba sérieusement malade pour ne plus se relever, la Sainte avait fait assembler toutes les religieuses et leur avait dit : « Mes chères sœurs, voici que ma mort est proche, et que je m'achemine vers Dieu. Ne vous attendez pas que quand je serai pour mourir, je vous entretiendrai une dernière fois. Non, car je ne vous parlerai pas; je ne dirai pas une seule parole. »

La nuit du 26 février 1447, qui était un dimanche, Notre-Seigneur disposa lui-même la Sainte à sortir de ce monde. Il répandit de si grandes douceurs en son âme, que depuis sainte Colette ne vécut plus que dans une union continuelle avec son bien-aimé [1].

---

(1) Pierre de Vaux, cap. 19. Sœur Perrine, fol. 51.

Durant sa maladie elle tomba dans une si extraordinaire syncope, que lorsqu'elle en fut revenue, toutes ses facultés corporelles se trouvèrent entièrement affaiblies. Plusieurs même se persuadèrent qu'elle était à l'extrémité. Néanmoins après cet accident son corps sembla reprendre peu à peu ses premières forces, mais sans diminuer les souffrances, qui étaient si cruelles que la Sainte ne pouvait les dissimuler. Pour soutenir son courage, sainte Colette faisait dire souvent la messe dans sa chambre par son confesseur. De plus, elle avait prié son confesseur, le R. P. de Vaux, de lui lire chaque jour la passion du Sauveur selon les quatre Evangélistes. Pendant cette lecture que le confesseur interrompait de temps en temps, on voyait la Sainte tantôt lever les yeux au ciel, tantôt les fixer amoureusement sur l'image du Sauveur qu'elle tenait dans ses mains.

Le samedi, deux jours avant sa mort, elle fit assembler tous les religieux et religieuses de la communauté, ainsi que les servants, pour leur donner ses derniers avis et leur demander pardon. Le dimanche, son confesseur, Pierre de Vaux, lui administra tous les sacrements qu'elle reçut avec une grande présence d'esprit et une dévotion très-vive; il fit encore la lecture de la passion de Jésus-Christ, que la Sainte écouta avec attendrissement. Le lundi, qui était le 6 mars, elle assista une dernière fois à la messe, eut encore le bonheur de communier [1]. Puis elle plaça sur sa tête le voile noir qu'elle avait

---

(1) Ribadeneira, tom. III.

reçu du pape Benoît XIII, lors de sa profession solennelle, et ayant fait le signe de la croix, elle s'étendit sur son pauvre lit sans plus prononcer désormais une parole ainsi qu'elle l'avait annoncé, ni faire aucun mouvement, aucun geste, excepté une fois, qu'elle étendit le bras pour ôter un oreiller de plumes qu'on lui avait mis sous la tête, ne pouvant supporter cette petite douceur.

Enfin, sur les huit heures du matin, sainte Colette s'endormit doucement dans le Seigneur. Sa belle âme rompit les liens de son corps, prenant son vol vers le ciel, pour y jouir du bonheur éternel. Elle était âgée de 66 ans et 52 jours [1].

La mort respecta en quelque sorte le corps de notre Sainte, car ses membres restèrent aussi beaux, aussi flexibles que pendant la vie et exhalaient une odeur suave qui se communiquait à tous les objets qu'on y approchait.

La mère abbesse de Gand, sœur Audette, ôta les habits de la Sainte pour les conserver et en faire présent aux maisons de l'Ordre ; puis la revêtit d'un habit neuf qui avait été destiné à une autre [2]. Enfin, quand tout fut préparé, le précieux corps de sainte Colette fut placé dans l'église de Bethléem, où il resta exposé pendant trois jours à la piété des fidèles.

Dans la ville de Gand, quand on sut la mort de la sainte Réformatrice, il y eut un tel empressement

---

(1) Sœur Perrine, Pierre de Vaux, Surius, cap. 75. Fodéré.
(2) Marc de Lisbonne. Surius, cap. 75.

de la part des fidèles qui venaient prier auprès de ses dépouilles mortelles, qu'on fut obligé d'abattre un pan de muraille à l'église, pour donner une issue à la foule qui, une fois entrée, ne pouvait plus s'écouler. On évalua à 30,000 le nombre de personnes, qui, en cette circonstance, vinrent vénérer la sainte Abbesse, et faire toucher à son corps des objets de piété.

Le corps de sainte Colette fut enterré au milieu du cimetière commun, comme les autres religieuses, et sur son tombeau on grava cette inscription latine :

> DULCIS AMICA DEI,
> ROSA VERNANS,
> STELLA DECORA,
> TU MEMOR ESTO MEI,
> DUM MORTIS VENERIT HORA.

Son précieux corps resta en cet endroit jusqu'au 13 septembre 1492, c'est-à-dire 45 ans après sa mort. A cette époque, le visiteur général des Mineurs le fit déterrer et envelopper dans un suaire de damas blanc, puis mettre dans un nouveau cercueil de bois précieux, recouvert de plomb, et enfin déposer dans un tombeau pavé tout en marbre. En 1536, Monseigneur de Sarepta, suffragant de l'Evêque de Tournai, fit retirer le corps de sainte Colette de ce tombeau pour le placer dans un autre qu'on avait construit dans une chapelle érigée en l'honneur de la Sainte. Ce fut là qu'il resta jusqu'en 1577. A cette époque, on cacha le corps de la Sainte dans les cloîtres du couvent, puis on le transporta à Arras, à cause des hérétiques qui pillaient et dévastaient les couvents. Mais un an après, il fut reporté à Gand où il resta jusqu'en 1782. A cette époque, l'Empereur Joseph II ayant porté un édit qui supprimait toutes les maisons religieuses qui n'avaient point de rentes pour leur entretien, les religieuses de Gand, qui se trouvaient dans ce cas, quittèrent la maison de Gand et demandèrent un asile à leurs sœurs de Poligny, où elles se réfugièrent le 10 septembre 1783, emportant avec elles le précieux corps de sainte Colette. C'est là que reposent encore les dépouilles de la sainte Réformatrice, où elles sont pour les religieuses et les fidèles de la ville, un trésor plus précieux que tous ceux de la terre.

QUATRIÈME PARTIE [1].

APPENDICE A LA VIE DE SAINTE COLETTE.

CHAPITRE I.

CANONISATION DE SAINTE COLETTE.

Quoique la vie de la Réformatrice Colette ait été si sainte, et qu'un nombre infini de miracles aient été accomplis pendant sa vie et après sa mort, cependant elle ne fut béatifiée que bien longtemps après sa mort, le 1er octobre 1623, par le Pape Urbain VIII. Elle fut canonisée, le Dimanche de la Trinité, 24 mai 1807, 360 ans après sa mort, par le Souverain Pontife Pie VII, qui plaça solennellement au nombre des Saints la Bienheureuse Colette Boellet, de Corbie.

Voici la Bulle de canonisation de la Sainte, où l'on trouve l'élévation des pensées, jointes à la

---

[1] Cette quatrième partie comprend la canonisation de la sainte Réformatrice, son Panégyrique et les cantiques en son honneur.

noblesse du style et à l'expression des sentiments de la foi la plus vive.

CANONISATION

DE SAINTE COLETTE BOELLET, VIERGE, RÉFORMATRICE DE L'ORDRE DES RELIGIEUSES DE SAINTE-CLAIRE.

PIE VII, ÉVÊQUE,

Serviteur des serviteurs de Dieu, pour l'éternelle mémoire du fait.

I. Le Prophète-Royal, éclairé par l'Esprit-Saint, vit l'Eglise, épouse de Jésus-Christ, debout à la droite de son époux, comme une reine parée de vêtements enrichis d'or, et environnée d'ornements d'une admirable variété. En effet, les fleurs de toutes les vertus, qui ne peuvent croître que dans le sein de l'Eglise catholique, forment son riche et magnifique vêtement, et les divers caractères de sainteté qui brillent dans ses membres, le parent et l'embellissent de mille couleurs. Au premier rang paraît l'intrépidité des martyrs, la constance invincible des pénitentes, l'humble piété des saintes veuves, l'inviolable chasteté des vierges, et les innombrables vertus des autres fidèles, qui soutiennent ainsi vaillamment le combat du Seigneur, et qui, après avoir achevé leur course, s'envolent enfin dans le ciel, pour y régner éternellement avec Jésus-Christ. Mais, puisque plus la nature du combattant est faible, son sexe débile, plus grand est le mérite de son triomphe, il convient, sans doute, que notre joie augmente, lorsque Dieu, toujours riche en ses dons, ne cesse de nous montrer, dans de simples vierges, malgré l'infériorité de leurs forces, les prodiges de sa grâce, et que, par les exemples frappants de ce sexe naturellement faible, il réchauffe, dans un monde qui s'engourdit, le feu de la parfaite charité, et excite d'une manière pressante tous les âges à tendre au sommet de la perfection.

II. Or, si nous devons compter parmi les vierges sages toutes ces vierges qui, sous le joug d'une discipline régulière, n'ont point vécu selon la chair, mais ont mortifié par l'esprit les œuvres de la chair, et ont mis tous leurs soins à ne plaire qu'à Jésus-Christ, leur unique époux; cependant, on doit un tribut de louanges tout particulier à ces âmes qui, s'élevant au-dessus de leur sexe et remplies de la ferveur du divin Esprit, se sont appliquées à fonder un nouvel Ordre de religieuses, ou, ce qui est d'un mérite à peu près égal, ont travaillé à faire revivre l'ancienne discipline d'un institut déjà fondé, et à y rétablir la sainteté de vie primitive : à ces âmes qui, après avoir elles-mêmes généreusement embrassé et heureusement parcouru la voie étroite de la vie spirituelle, ont appris aux autres et aux générations futures, par leurs exemples, à marcher dans le même chemin.

III. Parmi ces saintes âmes, a brillé d'un éclat tout particulier, au commencement du XVe siècle, l'admirable vierge Colette. Non contente d'avoir fait à Dieu, dès son jeune âge, un holocauste de sa personne, de sa volonté et de tous les plaisirs de la terre, enflammée du divin amour, embrasée de charité pour le prochain, elle entra dans le Tiers-Ordre de Saint-François, dont elle embrassa la règle, afin de suivre plus parfaitement les conseils évangéliques. Tandis qu'elle s'appliquait de toutes ses forces à faire son salut, et à retracer en elle toutes les vertus de la perfection religieuse, en affligeant son corps par les jeûnes et par les plus rudes macérations, en faisant tout pour la gloire de Dieu, et en rapportant tout à cette fin, elle se sentit appelée, par une inspiration secrète et non équivoque du Saint-Esprit, qui souffle où il veut, à la réforme des Ordres de Saint-François. Mais, par un sentiment de profonde humilité, elle ne pouvait se résoudre à se charger d'un si pesant fardeau ; cependant, pressée par des prodiges célestes, elle commença cette réforme et l'exécuta promptement, de la manière la plus heureuse. Enfin, pleine de bonnes œuvres et de vertus, enrichie de dons célestes, elle mérita de recevoir la couronne de la gloire éternelle de la main de Jésus-Christ, l'époux des vierges, et la grande opinion qu'on avait de sa sainteté lui fit décerner des hommages solennels et un culte public aussitôt après sa mort. Ayant donc soumis à un mûr examen, ainsi que le prescrivent les décrets Pontificaux et l'usage établi dans l'Eglise, tout ce qui devait être discuté, savoir : le culte public légitime et non interrompu rendu à la bienheureuse Colette, la sainteté héroïque de sa vie, enfin les miracles que Dieu a opérés par son intercession, nous avons pensé qu'il était grandement de l'honneur et de l'utilité de l'Eglise Catholique (à laquelle nous sommes préposé, non par nos mérites, mais uniquement par le choix de la Providence divine), de déclarer que la sainteté de la bienheureuse Colette, dans laquelle le Dieu de toute bonté a versé si abondamment et fait briller avec tant d'éclat les richesses de sa libéralité, était digne d'être présentée à la vénération et à l'imitation de l'Eglise militante. Nous avons donc appelé, en notre conseil, nos vénérables frères les cardinaux de la sainte Eglise Romaine, un Patriarche et plusieurs archevêques et Evêques, qui se trouvaient à la cour de Rome ; tous nous ont donné leur assentiment, et alors, après avoir imploré le secours des lumières célestes, nous avons placé la bienheureuse Colette au nombre et au rang des saintes Vierges, nous avons ordonné et décrété que tous les fidèles lui rendissent un culte pieux et les honneurs dus aux Saints ; et nous avons la confiance qu'on trouvera en elle des exemples sûrs pour la réforme des mœurs, et des secours puissants pour obtenir la paix et la tranquillité des peuples.

IV. Cette servante du Seigneur naquit à Corbie, en Picardie au Diocèse d'Amiens, de pieux et honnêtes parents, aux Ides de janvier (13 janvier) l'an du Seigneur 1380. Dès sa plus tendre enfance, elle donna des signes admirables de sainteté : car, méprisant les amusements ordinaires de son âge et les plaisirs trompeurs du siècle, elle s'appliquait sans relâche à l'oraison et à la contemplation des choses célestes ; et elle trouvait tant de charmes dans ces exercices qu'elle a mérité à bon droit l'éloge que les saintes lettres accordent à Tobie dont il est dit, qu'étant encore fort jeune il ne faisait rien cependant qui ressentît l'enfance. Ensuite, elle se prescrivit pour règle de vie de se contenter, pour toute nourriture, de pain et d'eau, de porter le cilice, de se flageller, durant le silence de la nuit, avec des disciplines de fer, et de n'accorder au sommeil qu'un temps fort court, à peine suffisant pour réparer les forces épuisées de la nature. Elle avait si bien contracté, dès sa jeunesse, l'habitude de soulager les misérables, qu'elle aurait pu dire, comme Job, avec vérité : Dès mon enfance, la compassion pour les malheureux a grandi avec moi ; elle était sortie avec moi du sein de ma mère. Elle prodiguait, en effet, les marques de la plus grande bonté aux malades, et de la charité la plus ardente aux pauvres; elle s'étudiait à obtenir qu'on lui confiât les offices les plus bas, et tout ce qu'elle pouvait soustraire à sa dépense personnelle, ou à sa nourriture, elle le donnait en aumônes. Enfin, après avoir distribué aux pauvres tout ce qu'elle possédait, n'ayant de goût que pour la solitude, elle se voua à une clôture absolue. Là, fréquemment tourmentée par les démons, déchirée par leurs coups, elle n'en persévérait pas moins dans l'exercice de l'oraison avec tant de constance que, parfois ravie en extase, elle mérita de jouir de la vue et des entretiens des esprits célestes. Alors, ayant fait profession dans le Tiers-Ordre de Saint-François, quoiqu'il parût impossible de rien ajouter aux saintes cruautés qu'elle exerçait sur son corps, elle trouva encore le moyen de les augmenter considérablement, marchant toujours nu-pieds, même pendant les rigueurs de l'hiver, et s'exténuant par des jeûnes continuels. Elle entreprit de mener une vie toute céleste, ne se proposant qu'une seule chose, la gloire de Dieu, à laquelle elle rapportait toutes ses paroles, toutes ses actions, toutes ses pensées. De là cette abondance de consolations et de délices spirituelles qui inondaient son âme ; de là, ces soupirs, ces paroles de feu par lesquelles éclataient au dehors les ardeurs de la charité dont son cœur était embrasé ; de là ces ravissements admirables pendant lesquels l'Esprit, élevant dans les airs son corps mortel, semblait le transporter jusqu'au ciel.

V. Enrichie de tant de vertus, comblée de tant de dons célestes, la bienheureuse Colette, un jour qu'elle priait ardemment pour la conversion des pécheurs entendit une voix céleste qui lui assura que la conversion des méchants, objet de ses ardents désirs, s'opèrerait par la réforme des ordres fondés par saint François. Cette révélation tint en suspens l'humble Vierge, qui, réfléchissant sur l'avertissement du Ciel et le repassant en elle-même, le jour et la nuit, craignait d'être trompée par les prestiges du démon. Mais, les bas sentiments qu'elle avait d'elle-même l'ayant fait résister trop longtemps à la volonté Divine, elle perdit l'usage de la vue et de la parole, jusqu'à ce qu'elle s'y fût soumise sans réserve. Dès lors, inspirée par l'esprit Divin, éclairée d'en-haut, sur les moyens à prendre pour opérer la réforme, sans plus de retard, elle se met en devoir d'accomplir la mission qui lui était confiée. Mais plusieurs obstacles s'opposaient à ce qu'elle obtînt les pouvoirs qui lui étaient nécessaires : sa grande jeunesse, l'obscurité de sa condition et la rigueur extrême de l'institut qu'elle voulait réformer. Cependant, elle vint à bout, non sans un miracle, de vaincre tous ces obstacles ; non-seulement elle obtint ce qu'elle demandait, mais elle fut contrainte par l'obéissance à accepter la charge d'Abbesse des religieuses qui embrasseraient la réforme. Elle n'eut donc plus d'autre soin, d'autre pensée, que d'accomplir fidèlement l'œuvre dont Dieu l'avait chargée. La Savoie, où la plus haute réputation de sainteté l'avait précédée, vit, en 1407, les commencements de cette entreprise épineuse. Il serait difficile de raconter tout ce qu'elle eut à endurer, dès le début de son œuvre, d'injures, d'affronts, de calomnies, tant de la part des étrangers que de la part de ceux qui jusque-là lui avaient été favorables. On ne se contenta pas de la traiter de sorcière, de magicienne, d'invocatrice du démon ; mais on poussa si loin les fausses imputations que ce fut là ce qui l'obligea de quitter sa patrie. Dans ce déluge de maux, au milieu de ce torrent d'afflictions, la servante du Seigneur ne perdit rien de l'héroïsme de son courage et de sa constance, et elle prouva la vérité de cet oracle : qu'aucun accident, quel qu'il soit, ne peut contrister le juste. Dans ce débordement d'invectives et d'insolences impudentes, elle se conduisait de manière à montrer qu'elle y trouvait de vraies délices. Et dès ce monde même, elle reçut de Dieu une récompense signalée de cette patience admirable. Car, ayant été attaquée d'une maladie grave et dangereuse, elle fut visitée par la sainte Vierge Marie, qui, après l'avoir consolée par sa présence et par ses entretiens, lui rendit la santé. De plus, par le secours de la Divine Providence, elle vit la réforme se propager en peu de temps, grâce au grand nombre de sujets qui se présentaient de toute part, et à la multiplicité des couvents, que l'on construisit en différentes provinces.

VI. Durant l'espace de quarante ans, Colette s'appliqua avec un courage invincible à l'exaltation du saint nom de Dieu ; mais de telle manière cependant, qu'en même temps, elle construisait dans son cœur un édifice de vertus d'autant plus sublime, qu'elle l'avait fondé sur une humilité plus profonde, quoique comblée des plus riches dons du ciel, et devenue l'objet des louanges singulières des peuples, des grands et des princesses, elle avait néanmoins d'elle-même de si bas sentiments, qu'elle se disait et se croyait indigne de la lumière du jour. Elle n'avait reçu qu'à regret, et en se faisant une extrême violence, le gouvernement des monastères de la Réforme, et quoiqu'il fût bien certain par là, que c'était par l'ordre de Dieu lui-même qu'elle se trouvait placée à la tête de toutes les autres, elle s'appelait néanmoins la dernière et la plus misérable de toutes. Ce qui la distinguait encore, c'était une austérité de vie à peine croyable, une brûlante ardeur de charité envers Dieu et envers le prochain, une assiduité admirable à ses devoirs religieux, sans jamais rien relâcher de ses veilles ni de ses travaux. Elle mettait tous ses soins à faire garder par les religieuses, avec la plus parfaite exactitude, toutes les observances régulières et elle n'avait rien de plus à cœur, que de confirmer par ses exemples ce qu'elle avait enseigné par ses leçons. Affable, douce, prévenante, elle avait pour toutes la tendresse et la sollicitude d'une mère. Comme la renommée de ses vertus et de ses miracles s'était répandue en Italie, en France, en Allemagne et dans d'autres contrées, les peuples accouraient en foule à elle, pour trouver dans ses lumières la solution des questions obscures et élevées, dans les matières qui regardaient la perfection chrétienne ; de ce nombre fut saint Vincent-Ferrier, qui vint de l'Aragon la visiter comme un oracle de toute sainteté, et un modèle de la perfection chrétienne.

VII. La servante du Seigneur avait achevé sa soixante-sixième année. Avertie qu'elle était appelée aux noces célestes de l'Epoux, afin d'entrer la lampe allumée, elle satisfit le désir ardent qui la consumait de recevoir la divine Hostie, et elle le fit avec tant de ferveur, que par les flammes de la charité qui étincelaient sur son visage et dans ses yeux, elle alluma dans le cœur de ses filles qui étaient présentes, le feu de la plus vive piété. Alors, abîmée dans la contemplation des douleurs de la passion du Sauveur, les pieds et les mains étendus comme ceux de Jésus-Christ sur la croix, au milieu des chants d'allégresse des chœurs angéliques elle s'envola dans les bras du céleste époux, à Gand, le sixième jour de Mars de l'année 1447. Après son trépas, la couleur et les traits de son visage furent tels que son aspect parut plus agréable que pendant sa vie. Le bruit de cette mort s'étant répandu jusqu'à Corbie, et dans toute la contrée, on vit accourir de toutes parts une foule immense de fidèles de toute condition, de personnages distingués par leur naissance, des dames, des magistrats, des ecclésiastiques; en outre, des sourds, des muets, des paralytiques, des infirmes de toute espèce, qui avaient tous l'espérance certaine d'obtenir leur guérison par l'intercession de la servante de Dieu : et tous répétaient d'une voix unanime : Colette est digne d'être comptée parmi les habitants des cieux. Ainsi, aussitôt après son décès, elle fut honorée d'un culte public que le siége apostolique a étendu depuis, en approuvant pour plusieurs maisons de la Réforme une messe et un office en l'honneur de la Sainte.

VIII. La question de ce culte public ayant été proposée dans une réunion de cardinaux de la congrégation des Rites, il fut reconnu d'un consentement unanime, que ce culte était appuyé sur des raisons si solides et si évidentes, qu'on pouvait sans difficulté former une commission pour la cause de la canonisation de la Bienheureuse. Ce jugement fut porté le 7 septembre 1739, et notre prédécesseur le Pape Clément XII, d'heureuse mémoire, l'approuva peu après, et nomma cette commission. Le 23 janvier de l'année 1740, la même congrégation, après avoir discuté l'affaire avec soin, déclara qu'il constait du culte rendu de temps immémorial à la dite bienheureuse, ou du cas d'exception désigné par les décrets apostoliques d'Urbain VIII, également notre prédécesseur, d'heureuse mémoire. Clément XII, étant mort sur ces entrefaites, le rescrit fut confirmé le 26 août de la même année, par **Benoît XIV**, notre prédécesseur aussi, de pieuse mémoire. Ce fut alors le lieu d'examiner l'héroïcité des vertus : dans la congrégation ordinaire des Rites, le 17 août 1771, les cardinaux, d'un consentement unanime, répondirent qu'il constait de l'héroïcité des vertus théologales et cardinales, et de celles qui en dépendent, et qu'on pouvait passer à la discussion des quatre miracles. Ce jugement fut ratifié et approuvé par Clément XIV, notre prédécesseur, d'heureuse mémoire, le 24 du même mois et de la même année. Alors furent proposées quatre guérisons miraculeuses, attribuées à l'intercession de la bienheureuse Colette, pour être discutées, selon l'usage, dans trois congrégations. Après la première congrégation, les postulateurs de la cause eux-mêmes retirèrent une de ces quatre guérisons. Quant aux trois autres, Pie VI, notre prédécesseur, d'heureuse mémoire, le 12 août 1781, décréta qu'elles devaient être regardées comme miraculeuses, surpassant les forces de la nature, et il les tint en effet pour telles. De ces trois miracles le premier arriva sur la sœur Rosa Croës : elle était depuis longtemps dans l'impuissance absolue de marcher, par suite d'une fracture transversale, multiple et mal remise de la rotule du genou gauche, et elle fut guérie en un instant ; le second eut lieu sur la sœur Marie-Thérèse Smidt, du Tiers-Ordre de Saint-François, qui fut délivrée sur-le-champ d'une tumeur avec ulcère au côté gauche, et d'autres infirmités très-graves, dont elle souffrait cruellement. Le troisième fut la guérison subite de François Romain de la Motte, profés laïque de l'ordre des Récollets de Saint-François, qui était attaqué d'une phthisie pulmonaire invétérée et jugée incurable, et qui recouvra pleinement ses forces.

IX. Alors les postulateurs, considérant que, pour plusieurs raisons favorables à cette cause, ou pouvait espérer d'obtenir la dispense du quatrième miracle, adressèrent dans ce sens une supplique à Pie VI, notre prédécesseur, lequel, après avoir pris l'avis d'une congrégation spéciale nommée par lui à cet effet; et après avoir pesé les circonstances particulières de cette cause, accorda la dispense demandée, par un décret du 24 avril 1790. Après cela, on proposa à la congrégation générale des Rites la question: si la bienheureuse Colette pouvait en toute sûreté être inscrite au catalogue des saints. Quoique la congrégation n'eût pas le plus léger doute à ce sujet, le pape Pie VI n'en continua pas moins à offrir de continuelles prières, pour obtenir la lumière dont il avait besoin, et enfin, le 15° jour du mois d'août de la même année 1790, il déclara qu'on pouvait désormais procéder à la canonisation de la bienheureuse Colette. Le pieux Pontife avait singulièrement à cœur de terminer cette importante affaire; mais les temps très-difficiles qui survinrent, ne lui permirent pas d'y mettre la dernière main.

Aujourd'hui que par la disposition de la Providence, nous lui avons succédé dans la charge pastorale et dans le gouvernement de l'Église catholique, nous avons pensé qu'il était de la raison et de l'équité de mener à bonne fin cette œuvre si pieusement et si religieusement commencée, car nous croyons et nous espérons qu'en multipliant le nombre de nos intercesseurs nous obtiendrons du Dieu des miséricordes, qu'il abaisse sur nous un regard favorable, et qu'il daigne enfin nous arracher du milieu des calamités, si grandes et si nombreuses, qui nous assiégent de toutes parts.

X. C'est pourquoi, suivant les exemples et les traces de nos prédécesseurs, après avoir fait soigneusement compulser les documents authentiques déposés dans les archives de la Congrégation des Rites, nous avons fait extraire un précis de la vie, des vertus, du culte et des miracles de la bienheureuse Colette, et nous l'avons livré à l'impression, afin que tous et chacun de ceux qui devraient donner leur avis dans cette cause pussent lire cet écrit et l'examiner à fond. Puis, dans un consistoire secret tenu en notre présence, le 23 mars de cette année 1807, après que notre bien-aimé fils, Jules Marie della Jomaglia, Cardinal prêtre de la Sainte Eglise Romaine, du titre de sainte Marie de la Minerve, Préfet de la Congrégation des Rites, eut exposé avec soin l'importance et l'état de la cause, tous nos vénérables frères, les cardinaux de la Sainte Eglise Romaine qui étaient présents, déclarèrent d'un avis unanime qu'il fallait procéder à la cérémonie de la Canonisation. Ensuite, le 20 avril dernier, eut lieu un consistoire public convoqué par nous, dans lequel notre fils bien-aimé, Augustin Valle, avocat de notre cour consistoriale, prononça, en faveur de la canonisation de la bienheureuse Colette, un discours dans lequel il nous mit sous les yeux, avec beaucoup d'exactitude et d'éloquence, toutes les suppliques tant anciennes que nouvelles adressées à cette fin au Saint-Siége ; en particulier celle de toute la famille des Récollets et des religieuses Clarisses. Enfin, dans le consistoire semi-public, tenu le 14 du présent mois de mai, où se trouvaient non-seulement les cardinaux de la Sainte Eglise Romaine, mais aussi le Patriarche, les archevêques et évêques que nous avions appelés dans notre ville Pontificale, de toutes les parties de l'Italie, pour nous aider de leurs conseils dans une affaire si importante et pour donner par leur présence un plus grand éclat à cet acte solennel, nous avons recueilli, suivant l'usage, les suffrages de tous et de chacun, pour la canonisation de la bienheureuse Colette et de quatre autres bienheureux, savoir : François Caracciolo, Benoît de saint Philadelphe, Angèle Mérici, et Hyacinthe Mariscotti. Tous, sans difficulté, déclarèrent d'un suffrage unanime, que la sainteté éminente de la servante de Dieu, la bienheureuse Colette, et les miracles et les prodiges opérés par son intercession étaient si indubitables d'après les actes juridiques de la Congrégation des Rites, que les honneurs du culte pouvaient justement lui être accordés par décret pontifical, et ils nous supplièrent avec instance de les lui décerner. De tout, Nous avons fait rédiger des actes authentiques, et nous avons fait recueillir les avis signés par chacun des prélats, pour les garder dans les archives de la Sainte Eglise Romaine.

XI. Tout avait été conduit à bonne fin et rien n'avait été négligé de ce qui pouvait assurer un plein succès. Cependant, à cause de la gravité et de la haute importance de cette affaire, nous avons ordonné qu'on adressât de nouvelles prières à Dieu, et outre les jours de jeûne général prescrits dans Rome, nous avons uni nos humbles et constantes prières aux supplications de tous les fidèles, conjurant le Très-Haut de nous remplir de l'esprit d'intelligence, afin que, dans une affaire si importante, nous accomplissions sûrement sa sainte volonté.

XII. Enfin, aujourd'hui dimanche 24 mai, jour auquel l'Eglise célèbre la fête de la Très-Sainte Trinité, après avoir rempli toutes les formalités prescrites par les sacrées constitutions et par les usages de la Sainte Eglise Romaine, nous nous sommes rendu à la Basilique du prince des Apôtres, ornée avec toute la pompe et la magnificence religieuse qui convient à la maison de Dieu, avec tout l'appareil usité dans les cérémonies religieuses, précédé du clergé séculier et régulier de tous les ordres et de toute la cour Romaine. Là, entouré de nos vénérables frères, les cardinaux de la Sainte Eglise Romaine, le Patriarche, les archevêques et évêques, Nous avons de nouveau entendu les prières que notre très-cher fils Ignace Caracciolo, cardinal prêtre, du titre de Saint-Augustin, revêtu de la charge de procureur et postulateur de la canonisation, nous adressa à trois reprises différentes, par lesquelles il nous a supplié de glorifier la bienheureuse Colette, et nous avons de grand cœur accueilli sa demande.

C'est pourquoi, après avoir imploré par la récitation des litanies, la miséricorde de la Très-Sainte

Trinité, et l'intercession de la Mère de Dieu, des esprits célestes et de tous les saints, après le chant d'une hymne spéciale pour demander à l'Esprit-Saint de nous envoyer le rayon de sa divine lumière, pour l'honneur de la sainte et indivisible Trinité, pour l'exaltation de la foi catholique, pour l'accroissement de la religion chrétienne et la gloire du culte de Dieu, par l'autorité de Notre-Seigneur Jésus-Christ, des bienheureux apôtres Pierre et Paul, et de la Nôtre, après avoir imploré souvent le secours d'en haut, de l'avis et du consentement unanimes des cardinaux de la Sainte Eglise Romaine, du Patriarche, des archevêques et évêques qui se trouvaient à Rome, nous avons déclaré que la bienheureuse Colette Bœllet, réformatrice de l'ordre de Sainte-Claire, admirable par l'éclat de ses vertus, comblée des dons célestes, illustrée après sa mort par des miracles et des prodiges, est véritablement Sainte : Nous l'avons ajoutée au nombre des saintes vierges, et nous avons défini, qu'en cette qualité, elle devait être honorée et invoquée, ainsi que par la teneur des présentes nous le décrétons, nous l'enregistrons, nous le définissons, statuant de plus que chaque année, le 6ᵉ jour de mars, dans toute l'Eglise, on célèbrera pieusement sa mémoire comme d'une sainte Vierge et sous le rit convenable. Nous accordons miséricordieusement dans le Seigneur, que tous les fidèles qui chaque année, le jour de sa fête, étant vraiment pénitents, et s'étant approchés des sacrements de Pénitence et d'Eucharistie, visiteront le sépulcre où son corps repose, puissent gagner une indulgence de sept ans et sept quarantaines des pénitences qui leur auraient été enjointes, ou de toutes les autres, dont ils auraient contracté l'obligation.

XIII. Aussitôt après, nous avons présenté à notre Dieu et Seigneur, dans une hymne solennelle, nos adorations, nos louanges et nos actions de grâces, sur le maître-autel de la Basilique, auprès des restes sacrés du bienheureux Pierre. Nous avons offert en esprit d'humilité le sacrifice non sanglant de notre salut, en y faisant spécialement mémoire de sainte Colette, et des saints François Caracciolo, Benoît de Sainte-Philadelphe, Angèle Mérici, et Hyacinthe Mariscotti que nous avons également placés aujourd'hui dans les diptyques ecclésiastiques et au catalogue des saints. Enfin, nous avons accordé dans les formes ordinaires de l'Eglise, et en vertu de l'autorité qui nous vient du Ciel, l'indulgence plénière de leurs péchés, à tous les assistants qu'un zèle religieux avait attirés en grand nombre pour la célébration d'une si grande solennité.

XIV. Maintenant donc que sainte Colette a mérité ce culte religieux, qui permet d'ériger en son honneur des temples et des autels dédiés au Dieu Tout-Puissant, qui impose le droit de vénérer ses sacrées images, il est certainement convenable que les fidèles, auxquels cette solennité procure tant de joie, mettent tout leur soin à éloigner du Temple de Dieu, c'est-à-dire de leurs âmes, ce qui est impur et profane, à offrir à Dieu leur corps comme une hostie vivante, sainte et agréable, enfin, à exprimer en eux et à y reproduire, avec zèle et avec le secours de la grâce divine, le modèle parfait des vertus de la Bienheureuse et la ressemblance de sa sainteté.

Qu'il en soit ainsi, afin que Dieu, apaisé par l'intercession de sainte Colette, et des autres saints, daigne dans sa miséricorde, éloigner de nous sa colère et rendre à son Eglise une paix tant désirée.

XV. Enfin, le même cardinal procureur nous ayant humblement supplié de daigner faire connaître à l'Eglise universelle tout ce qui précède, et donner et publier à ce sujet des lettres apostoliques qui en conservassent éternellement la mémoire; Nous avons volontiers accédé à sa demande, et par la teneur des présentes, nous certifions, nous définissons, et nous décrétons de nouveau, tout ce qui est dit ci-dessus; Nous ordonnons qu'on accorde aux copies qu'on en fera et aux exemplaires même imprimés, pourvu qu'ils soient revêtus de la signature d'un notaire public et du sceau d'une personne constituée en dignité ecclésiastique, la même foi, qu'on accorderait à ces présentes mêmes, si elles étaient montrées, ou apportées en preuve.

XVI. Qu'il ne soit donc permis absolument à qui que ce soit, d'enfreindre ce qu'ici nous définissons, nous décrétons, nous écrivons, nous commandons, nous statuons, nous rapportons, nous voulons, ou d'aller contre par une téméraire audace. Si quelqu'un a la prétention de l'entreprendre, qu'il sache qu'il encourra la colère du Dieu Tout-Puissant, et des bienheureux apôtres Pierre et Paul.

Donné à Rome, près Saint-Pierre, l'an de l'Incarnation de Notre-Seigneur 1807, le 9 des calendes de juin (24 mai) de notre Pontificat le 8e.

Pie VII, évêque de l'Eglise Catholique.

CHAPITRE II.

PANEGYRIQUE DE SAINTE COLETTE.

C'est un beau et magnifique spectacle, mes Frères, que celui de tout un peuple se portant en foule dans le lieu saint aux jours des grandes solennités! C'est un beau et magnifique spectacle que celui de toute une paroisse prosternée au pied des autels, et faisant monter, avec ses chants, vers le trône de l'Eternel, ses hommages et ses adorations! C'est là la plus grande, la plus belle manifestation que l'homme puisse donner de sa croyance en un Dieu tout-puissant. C'est là la plus solide démonstration que le chrétien puisse donner de sa foi en un Dieu sauveur du monde.

Mais, en ce jour, quel est l'objet de tous ces chants qui retentissent sous ces voûtes sacrées? Pour qui cet encens qui embaume cet asile? Pour qui cette fête, cette pompe religieuse? C'est pour honorer la gloire et le triomphe de la patronne de Corbie, sainte Colette. C'est donc à juste titre que je vois briller sur vos fronts la joie et l'allégresse. C'est donc à juste titre que je sens battre dans vos cœurs et dans le mien aussi, un noble sentiment d'orgueil pour celle qui vit le jour en cette cité.

Oui, habitants de Corbie, soyons fiers de compter parmi nos ancêtres une Sainte aussi célèbre, qui a joué un si grand rôle dans l'univers catholique. Soyons fiers d'être les compatriotes de sainte Colette. Que d'autres cités se vantent d'avoir donné le jour à des conquérants fameux qui, par la force des armes, ont porté la gloire de leur nom jusqu'aux extrémités de la terre; que d'autres peuples célèbrent la naissance des hommes illustres qui ont ravi l'admiration de leurs semblables par leur génie, leurs écrits et leurs découvertes; que d'autres peuples se glorifient d'avoir vu, dans l'enceinte de leurs villes, des monarques et des rois; qu'ils érigent en leur honneur des statues, des arcs de triomphe; qu'ils célèbrent leurs exploits dans des chants patriotiques : pour nous, habitants de Corbie, nous avons une gloire plus grande que celle des savants; nous avons une illustration plus belle que celle des conquérants, des souverains: nous avons sainte Colette qui, par ses vertus, ses travaux, ses entreprises, s'est acquis sur la terre une gloire immortelle qui rayonne jusque dans les cieux.

Voyez, il y a plus de quatre cents ans que sainte Colette a passé parmi nous, qu'elle a disparu de ce monde; et pourtant elle vit encore au milieu de nous; son nom est dans toutes les bouches, son éloge dans tous les cœurs, et sa mémoire remplit le monde entier. Et tandis que les palais des souverains s'écroulent sous le marteau du temps; tandis que leur mémoire s'en va emportée par le torrent des âges, et que leur tombeau reste désert, nous pouvons encore montrer le toit qui vit naître sainte Colette; nous pouvons encore visiter les sentiers qu'elle aimait à parcourir, chaque jour nous vénérons ses précieuses dépouilles, et son souvenir, loin de s'affaiblir avec le temps, ne fait, au contraire, que grandir; surtout depuis que deux cœurs généreux, s'inspirant de la pensée de l'illustre prélat qui gouverne ce diocèse, ont érigé, en son honneur, ce magnifique sanctuaire, qui a reçu sa consécration dans une brillante cérémonie, que nous voyons chaque année se renouveler, grâce au zèle et au dévouement du pasteur de cette paroisse qui sait réunir autour de lui tant de célébrités.

Il n'est rien qui doive vous étonner en cela, mes Frères, car la gloire des saints, la mémoire des justes est éternelle : elle franchit l'espace et s'élève, par delà les temps, jusque dans l'éternité, *in memoriâ æternâ erit justus*, tandis que la gloire des hommes est fragile ; elle passe comme une ombre fugitive, *velut umbra fugit gloria mundi*.

Donc, nous ne saurions jamais trop exalter la mémoire de notre sainte Patronne, ni faire retentir trop haut son éloge, puisque, en cela, nous ne faisons que concourir aux desseins de Dieu qui veut que la mémoire de ses élus soit éternelle.

Mais pour que nos éloges et notre admiration ne soient ni des acclamations stériles, ni un vain écho que le vent emporte sans laisser après lui aucune trace, recherchons quel a été le principe de cette gloire immortelle qui environne notre Sainte, et demandons-nous par quel chemin sainte Colette, après avoir ravi l'admiration des hommes, est entrée dans le sein de la gloire éternelle, afin que nous puissions, nous aussi, marcher sur ses traces.

C'est ce que nous allons examiner dans ce discours.

Voici, ô mon Dieu, un de vos serviteurs qui vient payer son tribut de louanges, et apporter une pierre à cet édifice de gloire, que les siècles ont élevé en l'honneur de notre Sainte. Voici un de vos serviteurs qui vient, s'il est possible, ajouter un nouveau fleuron à la couronne immortelle qui brille sur le front de votre servante. Mais, Seigneur, vous connaissez sa faiblesse, son impuissance; venez donc à son secours; éclairez-le de vos lumières, soutenez-le de vos grâces, et faites que son cœur exhale, en l'honneur de la sainte de Corbie, un encens pur qui monte vers votre trône et retombe sur nous en une rosée de bénédictions. C'est la grâce que nous vous demandons par l'intercession de Marie, la reine des vierges. *Ave, Maria.*

I. Qu'est-ce que la gloire? Quel est le chemin de la gloire? Si je posais ces questions à l'homme des combats, il me conduirait aussitôt sur un champ de bataille, en présence d'une armée formidable, ou sous les murs d'une forteresse réputée imprenable; car, pour lui, la gloire c'est la victoire remportée sur l'ennemi; c'est la ville prise d'assaut.

Maintenant, que j'interroge l'homme de talent; la gloire, pour lui, c'est de ravir l'admiration des peuples par la supériorité de son intelligence; c'est de transmettre à la postérité, avec ses écrits, l'élévation de ses pensées.

Le chemin de la gloire, me dit à son tour le monarque, c'est le chemin du trône. Rien de plus glorieux sur la terre que de commander en souverain à des millions d'hommes ; que de protéger les intérêts de la patrie, que de grandir la nation aux yeux des peuples, et de faire respecter partout son drapeau.

Voilà les pensées des hommes ; voilà nos pensées à nous, lorsqu'on nous parle de gloire. Nous la plaçons dans le génie qui brille, dans la force qui dompte ou dans la puissance qui commande. C'est bien là en effet la gloire du monde ; gloire fugitive qui brille comme un éclair pour disparaître à l'instant ; gloire fragile, qui se brise comme une argile contre le marbre des tombeaux ; gloire passagère qui, si elle survit à la mémoire du héros, ne saurait certainement franchir les limites du temps.

Mais la vraie gloire, la gloire solide et durable, la gloire éternelle, voulez-vous la trouver ? voulez-vous la connaître ? Ce n'est pas aux hommes qu'il faut la demander, c'est à celui qui est la vérité même. Or, elle se trouve, nous dit Jésus-Christ, dans la vertu, dans l'humilité, qui est la base et le fondement de toute vertu. Celui, nous dit-il, qui s'humilie sera glorifié, *qui se humiliat exaltabitur*. L'humilité, voilà donc le chemin de la vraie gloire. Aussi, mes Frères, quand Dieu veut exalter une de ses créatures, quand il veut la couvrir du manteau de la gloire, et lui confier une mission importante qui commande l'admiration des hommes, à qui s'adresse-t-il ? Va-t-il chercher les souverains sur leur trône ? Confie-t-il ses ordres à des conquérants fameux ? ou bien fait-il appel au génie, au talent, à la fortune? Non, Dieu n'a pas besoin du secours des hommes, souvent il dédaigne leur puissance, leurs talents, leur éclat, leurs moyens, car ils sont un obstacle à l'accomplissement de ses desseins. Il va chercher, il ramasse ce qu'il y a de plus faible au monde, de plus délicat, de plus incapable, *infirma mundi elegit*, afin de montrer par là sa force, sa puissance, et de confondre le vain orgueil des hommes, *ut confundat fortia*.

Ce fut d'après ce principe que Dieu voulant, au xve siècle, opérer une régénération dans son Eglise, dont l'esprit allait toujours s'affaiblissant, choisit de préférence une humble fille de Corbie, sainte Colette, alors inconnue, ignorée du monde, et qu'il lui fit entendre sa voix, comme autrefois il parla à Judith et à Esther; comme aussi, quelques années plus tard, il appellera une simple bergère de Donremy, une Jeanne d'Arc, pour sauver la France et changer les destinées de l'Europe.

Pour vous montrer comment les desseins de Dieu se sont accomplis en sainte Colette, et justifier à vos yeux cette proposition, que l'humilité fut pour elle le chemin de la gloire, je dois donc considérer d'abord sainte Colette dans l'abaissement, le dénûment, la faiblesse, et la contempler ensuite dans la force, la puissance, le triomphe et la gloire.

C'était en l'année 1380, vers la fin du xive siècle; alors vivaient à Corbie, ville de Picardie, dans une chaumière jadis bien modeste, deux honnêtes et vertueux chrétiens, Robert Bœllet et Marguerite Moyon, mariés ensemble depuis longtemps. La charité les unissait, le travail faisait leur occupation, et la religion leur consolation. Ces deux chrétiens retraçaient dans leur conduite les sentiments, la foi et les vertus des premiers âges du christianisme. Quoique d'une condition très-obscure, bien que la fortune ne leur eût pas prodigué ses faveurs et que la nature même se fût montrée ingrate en leur refusant des enfants, cependant, ils vivaient aussi contents que des princes dans leurs palais; aussi heureux que les mieux partagés du côté des enfants, car ils avaient mis leur confiance en Dieu, et leur espérance en l'autre vie.

Mais Dieu, qui ne s'arrête pas aux vains dehors dont s'environne toujours la faiblesse humaine, et qui ne se laisse pas éblouir par l'éclat des richesses ou des honneurs, avait distingué, entre toutes les autres, cette famille chrétienne, il avait abaissé sur elle des regards de complaisance. Dans ses desseins providentiels, il avait décidé qu'une tige féconde, qui un jour étendrait ses rameaux puissants sur toute l'Eglise, sortirait de cette souche en apparence stérile. Alors donc que toute espérance d'avoir des enfants était perdue du côté de la nature, pour ces honnêtes chrétiens, puisque Robert Bœllet, âgé de plus de 60 ans, touchait à la vieillesse, Dieu renouvela, en leur faveur, le prodige qu'il opéra autrefois dans la naissance d'Isaac, l'enfant de promission, et dans celle de Jean-Baptiste, le précurseur du Messie; il leur envoya une enfant de bénédiction. Ce fut le 13 janvier qu'elle vint au monde; elle reçut à son baptême le nom de Colette, ou petite Nicolle, parce que ses parents honoraient plus particulièrement saint Nicolas, en qui ils avaient une grande confiance.

C'est donc bien à tort, mes Frères, que parfois nous tirons vanité de nos richesses, de notre fortune, de notre naissance. C'est donc bien à tort que nous plaçons la grandeur, le mérite dans la naissance illustre, et que nous prodiguons le mépris à ceux qui sortent d'une condition modeste, obscure même; à ceux qui sont privés des avantages de la fortune. Dieu nous fait voir ici combien ces prétendues gloires du monde, ces richesses, ces distinctions, ces honneurs sont futiles, et peu dignes de notre affection, de notre estime, puisque ayant à se choisir une famille de prédilection, ayant à glorifier une créature, il va frapper à la cabane du pauvre, de l'artisan, et qu'il dédaigne les maisons des grands, les palais des souverains ; c'est que la véritable grandeur, le vrai mérite, aux yeux de Dieu, est uniquement dans la vertu.

Cependant les parents de Colette, heureux de voir leurs vœux exaucés, ne furent pas ingrats de la faveur qu'ils avaient reçue ; c'est pourquoi, en reconnaissance de cette naissance miraculeuse, ils se crurent obligés de consacrer leur enfant au Seigneur. Ils l'élevèrent donc dans les sentiments les plus purs ; éloignèrent d'elle tout ce qui aurait pu ternir la fleur de son innocence, et lui inspirèrent dès le jeune âge l'amour de toutes les vertus, mais surtout de la pauvreté et de l'humilité. Ai-je besoin de vous dire comment la jeune enfant répondit à ces soins empressés, à la tendre affection de ses parents? Ai-je besoin de vous parler de ses sentiments humbles, de sa soumission, de son affabilité, de sa charité envers les pauvres, de son amour envers Dieu? Ah ! il me suffirait pour cela d'invoquer les souvenirs, les traditions qui se sont conservés dans cette paroisse de génération en génération, de famille en famille, et qui nous ont été légués par nos pieuses mères comme un riche trésor. Il me suffirait de vous laisser parler ici, et il n'y aurait qu'une voix pour proclamer la vie douce, pure, innocente de Colette pendant son enfance. Il n'y aurait qu'une voix pour rendre témoignage à son humilité, à sa charité et à la fidélité avec laquelle elle remplissait tous ses devoirs, car la maison de Dieu était pour elle sa demeure de prédilection. Matin et soir, elle allait y prier et rendre à Dieu l'hommage de ses sentiments, de ses actions. Chaque jour elle allait renouveler aux pieds des autels cette consécration que ses parents avaient faite à Dieu de sa personne. Et tandis que d'autres jeunes filles, après le travail de la journée, s'en allaient folâtrant et riant le long des chemins, on trouvait souvent la jeune Colette priant en silence dans quelque coin de l'église, à genoux devant la croix, le regard fixé sur le Sauveur du monde et sur sa sainte Mère. Quand, du haut de ces collines qui dominent notre vallée, et où nous pouvons encore contempler l'image de notre Sainte, elle parcourait ce sentier si connu que je n'ai jamais franchi sans éprouver de vives émotions, et qu'elle entendait appeler le peuple à la prière, si elle était trop loin de l'église, ou que l'ouvrage fût trop pressé, elle se jetait à genoux en plein air, joignait les mains et priait sous le ciel.

Et pourtant, cette enfant si pieuse, si chrétienne, n'avait point, comme on pourrait le croire, l'humeur sombre et triste; non, au contraire, elle était gaie, elle aimait à converser joyeusement, innocemment avec ses compagnes, souvent elle les réunissait autour d'elle dans un petit oratoire que tous nous pouvons encore visiter. Là, elle leur parlait du bon Dieu, leur apprenait à prier, leur donnait de sages conseils; puis, dans de petites conférences spirituelles, elle leur enseignait la doctrine chrétienne et les principaux devoirs de notre sainte religion. C'est ainsi, mes Frères, que Colette préludait à cette grande mission qu'elle aurait un jour à remplir. De toutes parts, on venait entendre cette jeune enfant de quatorze ans, qui n'avait reçu aucune instruction; on venait admirer sa piété et la facilité avec laquelle elle développait les preuves de notre sainte religion. Et il se faisait un grand bien dans la paroisse, car Dieu comblait de grâces son humble servante, il bénissait tous ses généreux efforts.

Mais bientôt, l'heure des épreuves allait sonner pour sainte Colette. Le vent de la tribulation allait souffler sur sa tête, et la dépouiller de tout secours, de tout appui, de toutes ressources. En effet, sainte Colette était arrivée à l'âge de dix-huit ans lorsqu'elle eut la douleur de voir mourir successivement sous ses yeux son père et sa mère. Ce malheur est souvent pour les enfants la source d'un chagrin, d'une tristesse et d'un abattement profonds; mais Colette, qui ne voyait en toutes choses que la volonté de Dieu, quoique ne connaissant pas encore ses desseins sur elle, offrit le sacrifice de ses peines et de sa douleur avec l'esprit de la foi, et supporta cette perte cruelle avec une résignation admirable.

Puis allant, pour ainsi dire, au devant des désirs du Seigneur, et voulant mettre en pratique le conseil de l'Evangile : « Celui qui veut être mon disciple, qu'il renonce à tout ce qu'il possède, » elle conçut le projet généreux de vendre le peu de bien que ses parents lui avaient laissé en mourant, pour le distribuer à de plus pauvres qu'elle. Elle vient donc toute pleine de cette pensée trouver son directeur, et lui annonce qu'elle veut se dépouiller de tout pour vivre dans la pauvreté. Le père Abbé, surpris de trouver dans une enfant si jeune encore, une telle résolution, commence par la louer de son désir d'une si haute perfection, ensuite lui oppose les raisons les plus fortes pour la détourner, et lui donne les motifs les plus sérieux pour la faire changer ; enfin, il lui représente qu'elle aurait un jour besoin de ce patrimoine, et que s'en dépouiller, c'est s'exposer à manquer du nécessaire : « Eh quoi ! mon père ! s'écria l'enfant avec l'accent de la foi la plus vive, vous craignez que je manque du nécessaire ! Mais, le Seigneur n'a-t-il pas promis le centuple à ceux qui quittent tout pour sa gloire, pour son amour ? N'a-t-il pas dit : Cherchez le royaume de Dieu, et tout le reste vous sera donné par surcroît. » Puis, voulant montrer que sa confiance en Dieu était fondée, elle ajoute aussitôt : « Celui qui nourrit les oiseaux du ciel, et qui veut que nous l'appelions notre père, pourrait-il oublier ses enfants dans leurs besoins, pourrait-il laisser mourir de faim la pauvre Colette, qui ne lui demande que le pain de chaque jour ? » Et le père Abbé, ému jusqu'au fond de l'âme, ne put retenir ses larmes. Il accorda donc ce que cette enfant lui demandait avec tant d'instances, et l'aida même à distribuer ses biens aux pauvres.

Oh! mes Frères, que de tels sentiments sont beaux! Qu'ils sont admirables dans une jeune personne qui n'a rien pour vivre, et qui se dépouille encore du peu qu'elle possède! Mais que ces sentiments sont rares de nos jours! Autant sainte Colette fait d'efforts, d'instances pour se dépouiller de sa petite fortune; autant nous nous attachons à cette même fortune; autant sainte Colette regarde les biens de la terre comme un obstacle à son salut, à son bonheur, autant nous nous empressons de les acquérir, de les augmenter par tous les moyens, comme si notre bonheur en dépendait; autant sainte Colette considère d'un œil indifférent la fortune, la richesse et tous les biens de la terre, autant nous sommes joyeux de les posséder et tristes de les perdre. Et pourquoi donc cette opposition entre nos sentiments, nos désirs, nos affections, et ceux de sainte Colette? Ah! c'est que nous n'avons plus le sentiment de la foi, ni de la confiance en Dieu. C'est que nous n'avons plus même le sentiment chrétien, qui est un sentiment de détachement, d'abnégation, de privations. C'est que nous n'avons plus même le sentiment de notre destinée, qui nous répète à chaque instant que notre âme n'est point créée pour les biens passagers de la terre; mais pour les biens solides et permanents de l'éternité. A la vue de cet exemple de notre Sainte, de son détachement si parfait, ranimons en nous les sentiments de la foi, regardons les biens de la terre comme une poussière brillante, que le moindre vent peut emporter, et alors nous ne redouterons pas la pauvreté, et quand Dieu, dans notre intérêt, nous demandera comme à sainte Colette une partie de nos biens, nous serons prêts à les échanger contre les trésors du ciel.

Cependant il était un autre bien que sainte Colette possédait, et qu'elle était jalouse d'offrir au Seigneur; un bien que le monde recherche, et que souvent il préfère à la fortune, je veux dire la beauté. Selon le témoignage des historiens de l'époque, sainte Colette était d'une beauté ravissante; elle l'emportait incontestablement sur toutes les jeunes personnes de son temps. Aussi, quand elle passait, tous les regards s'arrêtaient avec complaisance pour la considérer, et les éloges ne tarissaient pas. Plusieurs même, captivés par cet attrait puissant, avaient sollicité en mariage l'honneur de sa main. Que de personnes dans le monde s'estiment heureuses de posséder ce don de la nature! Que d'efforts ne font-elles pas, que de précautions ne prennent-elles pas pour conserver et faire valoir leur beauté? Et pourtant, quoi de plus fragile que la beauté? C'est une fleur qui s'épanouit le matin et que le soleil dessèche à son midi. Aussi, voyez combien cet avantage est peu de chose pour notre Sainte, combien même il lui pèse. A peine s'est-elle aperçue qu'on la regarde avec complaisance, à peine a-t-elle entendu faire l'éloge de sa beauté, aussitôt, avec un sentiment de joie indicible mêlé d'une crainte salutaire, elle court se jeter au pied des autels; et là, les yeux en larmes, elle supplie, elle conjure le Seigneur de lui enlever cet avantage dangereux, de la rendre même difforme, et de faire de sa personne un objet d'horreur pour le monde. Heureuse par là de faire à Dieu le sacrifice des avantages qu'elle avait reçus de la nature, heureuse aussi de montrer combien elle préfère la beauté de son âme à toutes les beautés de la terre! Une prière aussi ardente, un sacrifice aussi généreux devait donc être bien agréable à Dieu. Notre Sainte n'avait pas encore terminé sa prière, qu'elle fut exaucée; car les couleurs si vermeilles de son visage disparurent comme par enchantement, et furent à l'instant même remplacées par une blancheur de lis, symbole de la candeur et de la pureté de son âme. Et désormais à l'abri des recherches, des séductions du monde, dégagée de toute entrave, elle put sans crainte se livrer tout entière au service du Seigneur, à la pratique des vertus chrétiennes, et surtout à l'exercice des mortifications corporelles.

Il semblerait, mes Frères, que parvenue à cet état de renoncement, sainte Colette n'avait plus rien à sacrifier à Dieu, qu'elle ne pouvait être dans un plus grand dénûment, ni dans une plus grande faiblesse. Il semblerait qu'elle ne pouvait ni s'abaisser, ni s'humilier davantage aux yeux des hommes. Car, comme nous l'avons vu, elle se trouvait sans appui du côté de ses parents, puisqu'elle les avait tous perdus; sans ressource du côté de la fortune, n'ayant pas même un morceau de pain pour la sustenter, puisqu'elle avait donné tous ses biens aux pauvres ; sans aucun avantage du côté de la nature, puisqu'elle avait renoncé à sa beauté ; sans aucune force enfin, car son corps était abattu par le jeûne, les austérités, les mauvais traitements qu'elle lui faisait subir. Dans cet état, elle était donc la faiblesse même, et il lui était impossible de pousser plus loin son sacrifice. Non, mes Frères, sainte Colette n'était pas encore telle que Dieu la voulait pour l'accomplissement de ses desseins. Elle avait encore un sacrifice à faire pour que son renoncement fût parfait, le plus pénible de tous les sacrifices, celui qui nous coûte davantage, à nous qui sommes si attachés à ce monde. Lequel donc? C'était le sacrifice du monde, le détachement du monde, le renoncement au monde. Eh bien! sainte Colette ne reculera pas devant ce pénible sacrifice. Elle le fera généreusement, et elle le poussera aussi loin qu'on peut le faire. Oui, elle renoncera tout à fait au monde pour s'immoler à Dieu, comme une hostie vivante. Mais où ira-t-elle se retirer? S'enfermera-t-elle dans un ordre religieux, loin de tout commerce avec le monde? Non, car dans les ordres même les plus austères, les religieuses ont au moins la consolation de vivre en commun, de chanter en chœur les louanges de Dieu, de s'encourager par de bons exemples, de s'aider mutuellement dans leurs infirmités et de recourir à leurs supérieures dans leurs peines! Le renoncement ne serait donc pas complet, ni le sacrifice entier! Ira-t-elle s'enfoncer dans le creux d'un rocher, au fond d'une grotte solitaire ou dans un désert aride, habité seulement par les animaux sauvages? Non, encore. Car les solitaires du désert, les anachorètes peuvent au moins jouir du beau spectacle de la nature ; ils peuvent s'élever à Dieu par la vue des créatures ; ils peuvent aussi sortir de leurs retraites, se visiter pour trouver des conseils dans leurs anxiétés, des consolations dans leurs peines, des soulagements dans leurs infirmités.

Le renoncement ne serait donc pas complet, ni le sacrifice entier. Et Dieu veut de Colette un sacrifice entier. Où ira-t-elle enfin? Mes Frères, voyez ce tombeau taillé dans l'épaisseur de ce mur, et fermé par deux barreaux en fer, contemplez l'image de votre Sainte qui y est enfermée, voilà la solitude que sainte Colette se choisit. Voilà la Thébaïde où elle se retire. Oui, mes Frères, à quelques pas de là, près de l'église Saint-Étienne, c'est là que notre Sainte s'enferme entre quatre murs, comme dans un tombeau, pour mourir au monde. C'est là, dans cette réclusion, disons mieux, dans cette prison volontaire, qu'elle fait à Dieu le sacrifice de toutes les jouissances, de toutes les douceurs les plus légitimes que l'on accorde à la nature. C'est là, dans cet ermitage, qu'elle fait à Dieu le sacrifice de tous les avantages de la vie spirituelle, de toutes les consolations que l'on rencontre même dans les déserts. C'est là que, ensevelie toute vivante, elle supporte les épreuves les plus pénibles, les combats les plus rudes, les assauts les plus terribles, les tentations les plus fortes.

Et c'est alors, dans cet abandon, dans cet anéantissement, dans ce délaissement complet, que sainte Colette, sans autre appui que son Dieu, sans autre consolation que son amour, sans autres délices que sa grâce, s'estimera au comble du bonheur, qu'elle surabondera de joie et qu'elle s'écriera : « C'en est trop, Seigneur, c'en est trop, gardez vos douceurs pour d'autres qui en sont moins indignes. Souffrir et mourir pour vous, voilà toutes mes délices et je n'en désire point d'autres. »

O vous, qui cherchez à travers le monde la paix et le bonheur, vous le demandez aux biens de la terre, aux plaisirs, aux voluptés. Et que trouvez-vous ? Le chagrin, l'amertume, le trouble et le remords.

Voyez sainte Colette dans sa réclusion. Elle a trouvé cette paix, cette joie, ce bonheur ; elle en surabonde même, elle demande grâce au Seigneur : « C'est trop ! c'est trop ! s'écrie-t-elle. » Mais comment les a-t-elles trouvées ? C'est dans la pauvreté, c'est dans le renoncement à tous les biens de ce monde.

O vous, qui rêvez la gloire et les honneurs, vous les cherchez dans les grandeurs, les distinctions. Et que trouvez-vous ? Souvent vous ne trouvez que le mépris, l'abjection, la honte.

Voyez, au contraire, sainte Colette dans son ermitage, elle s'est dépouillée de son éclat, de sa dignité humaine, elle s'est humiliée, anéantie en quelque sorte aux yeux des hommes. Et que trouve-t-elle en place ? La gloire solide et véritable, telle que Dieu seul peut la donner. Oui, mes Frères, c'est du fond de sa réclusion que Dieu tirera sainte Colette, et qu'il la mettra en présence de toutes les grandeurs humaines. Il la couvrira du manteau de la gloire dans ce monde et en l'autre, selon la promesse formelle qu'il en a faite : « Celui qui s'humilie sera glorifié. » C'est ce que nous allons voir dans une seconde partie.

II. Lorsque Jésus-Christ jetait les fondements de son Eglise, et dressait les colonnes qui devaient soutenir cet édifice impérissable, il n'ignorait pas les tempêtes furieuses qui se déchaîneraient contre elle, ni les assauts terribles que les puissances conjurées de la terre et de l'enfer lui livreraient ; ni les efforts incroyables que l'impiété ferait pour soulever et renverser la pierre angulaire qui supporte l'édifice entier. C'est pourquoi, voulant mettre en garde contre la frayeur et le découragement ses timides apôtres et leurs successeurs, il leur disait en les envoyant à travers le monde : « On vous haïra, on vous persécutera, on vous mettra à mort ; mais ne craignez rien, moi, qui ai vaincu le monde, je suis avec vous jusqu'à la consommation des siècles. » Cette prédiction ne tarda pas à s'accomplir. A peine le divin fondateur avait-il quitté la terre pour remonter au ciel, qu'une effroyable tempête se déchaîna contre l'Eglise de Jésus-Christ, et menaça d'engloutir à jamais dans des flots de sang les premiers chrétiens ; mais eux, forts du secours d'en haut, et méprisant la fureur des persécuteurs, sortirent de cette lutte et plus nombreux et plus vigoureux.

Quelques siècles après, l'enfer livrait contre l'Église un nouvel assaut, et suscitait les hérésies, qui, s'attaquant aux croyances, essayèrent de détacher les fidèles de la vraie foi, pour les entraîner dans l'erreur. Mais Dieu veillait au précieux dépôt qu'il avait confié à son Église, et suscita, pour défendre la vérité, des hommes forts comme les Athanase, les Augustin. Et cette seconde lutte fut encore pour l'Église un nouveau sujet de triomphe.

Enfin, vers le xive siècle, une secousse plus forte que les autres, vint, pour la troisième fois, ébranler l'Église de Jésus-Christ. Ce furent les schismes. Jamais l'Eglise, depuis sa naissance, n'avait été soumise à une épreuve aussi terrible que celle qu'elle eut à subir, lors du grand schisme d'Occident. Tous ses fondements en furent ébranlés, et la foi même eût conçu des doutes sur l'immutabilité des promesses de Dieu, si, dans les profondeurs de l'abîme qu'ouvrirent et que creusèrent les passions humaines, on n'avait aperçu la pierre éternelle sur laquelle repose l'édifice élevé par Jésus-Christ. En effet, pendant plus de quarante ans, l'Église éplorée et inquiète, chercha de tous côtés son chef, son pasteur, et ne le trouva nulle part avec certitude. C'est alors que les idées d'indépendance et toutes les erreurs destructives de la société chrétienne commencèrent à germer dans les esprits indociles. C'est alors que l'amour et la vénération des peuples pour le centre de l'unité, pour le successeur du prince des apôtres, s'affaiblirent peu à peu, lorsqu'il fut incertain quel était ce successeur.

C'est alors enfin, comme conséquence immédiate, que l'on vit s'énerver l'esprit du christianisme, cette force, cette énergie, cette fermeté qui en fait le caractère distinctif. Le mal était donc à la racine. Il fit de rapides progrès, gagna les diverses parties de l'Église, et se répandit même dans le clergé, d'où il s'infiltra jusque dans les ordres monastiques les plus austères et les plus sévères. Et l'on vit bientôt l'insubordination, le relâchement, le bienêtre remplacer la soumission, la discipline et l'austérité. L'avenir de l'Église se trouvait donc compromis dans ce qu'il avait de plus intime, de plus sacré.

Dieu se ressouvint alors de ses promesses; il résolut donc de venir au secours de son Église, et de susciter une âme dévouée, courageuse et forte, qui sauverait son troupeau en mettant fin au schisme, et en réformant les ordres monastiques. Mais à qui confier une mission si grande, si importante?

Pendant que les princes de l'Église étaient réunis à Nice, en Savoie, et délibéraient sur les maux présents de la société, sur les moyens d'y remédier, Dieu, pour confondre en quelque sorte la sagesse humaine et faire ressortir davantage sa puissance, soufflait son esprit sur une pauvre et chétive créature, enfermée dans un coin obscur de la Picardie. Il choisissait comme l'instrument de ses desseins, sainte Colette que nous avons laissée dans son ermitage. Un jour donc qu'elle était en oraison, elle se trouva tout à coup ravie en esprit, en présence de Jésus-Christ et de sa sainte Mère. Là, elle vit le glorieux saint François prosterné aux pieds du Sauveur, le conjurant instamment de lui accorder la vierge Colette pour la réformation des religieux et des religieuses de son ordre, et la cessation des maux de l'Église. Mais Colette, remplie de confusion de s'entendre ainsi désigner par son propre nom, pour une si sublime mission, essaya de se persuader que cette vision n'était qu'un effet de son imagination, et refusa d'y consentir. Dieu alors lui fit connaître sa volonté d'une autre manière. Il y avait dans la Savoie, un religieux recommandable par sa science et plus encore par sa piété. Il était issu d'une haute famille, et s'appelait Henri de la Balme. Le père Henri, profondément désolé de la situation de l'Église, et voulant s'affranchir des questions qu'on lui adressait à l'occasion du schisme, prit la résolution de faire le pèlerinage des Lieux-Saints, et d'attendre auprès du tombeau du Sauveur, que l'Église fût réunie sous l'autorité d'un seul chef. Dans ce but, après avoir obtenu la permission de ses supérieurs, il avait pris la route de Marseille, dans le dessein de s'embarquer pour la Palestine, lorsque Dieu lui révéla qu'il le voulait ailleurs que dans la Palestine : « Vous partirez pour la Picardie, lui fut-il dit, et vous irez dans une petite ville de cette province, appelée Corbie. C'est là que Dieu s'est préparé une fidèle servante, qui doit être l'instrument de grandes merveilles qu'il a dessein d'opérer pour la réforme de l'ordre de Saint-François et la pacification de l'Église. Elle se nomme Colette. C'est vers cette sainte fille que Dieu vous envoie : Votre mission sera de la diriger et de l'assister. »

Quelque extraordinaire et imprévue que fût cette révélation, le Père Henri ne crut pas devoir résister aux volontés du Seigneur. Il partit aussitôt pour Corbie et vint apprendre à sainte Colette ce que

Dieu lui avait fait connaître touchant la haute mission qu'elle avait à remplir.

La chose était bien claire et évidente, et pourtant Colette était si humble, si remplie du sentiment de sa faiblesse, qu'elle ne voulut pas encore donner son consentement pour une telle entreprise : « Non, non, cela n'est pas possible ! s'écria-t-elle. Quoi ! une indigne pécheresse pour une telle mission ! O mon Dieu ! n'est-ce pas assez que vous ayez pitié de moi et que vous oubliiez mes iniquités. »

Enfin Dieu, pour vaincre la résistance de son humble servante, eut recours à des moyens violents. Il la priva pendant six jours de l'usage de la parole et de la vue. Alors notre Sainte, abattue, terrassée en quelque sorte comme saint Paul sur le chemin de Damas, se résigna et finit par se mettre entièrement entre les mains de Dieu pour accomplir ses desseins adorables. Donc, après avoir obtenu la dispense de son vœu de clôture perpétuelle, elle partit, accompagnée du Père Henri, pour trouver le Saint-Père à Nice, et obtenir l'approbation de sa mission.

Qui de nous, mes Frères, pourrait ici méconnaître la profondeur et la sagesse des desseins de Dieu? Qui de nous pourrait méconnaître la gloire immense qui allait rejaillir sur notre sainte patronne? Il s'agissait, en effet, de régénérer l'Eglise de Jésus-Christ, de renouveler la sève du Christianisme. Il s'agissait de mettre fin aux maux de l'Eglise et de susciter une nouvelle génération, un nouveau peuple. Il s'agissait enfin d'opérer une réforme générale dans tous les ordres religieux tombés dans le relâchement. Et c'est l'humble fille de Corbie qui est choisie de Dieu pour opérer cette régénération. Et c'est sainte Colette à qui Dieu confie cette mission. Noble et glorieuse mission, mes Frères, qui illustra à jamais notre sainte Patronne ! Noble et glorieuse mission qui produisit les résultats les plus heureux ! Car, à la parole de sainte Colette, à ses exemples surtout, on vit refleurir dans les cloîtres les vertus du christianisme, la chasteté sans tache, la pauvreté parfaite, l'humilité profonde, la prompte obéissance, l'austère pénitence et la charité ardente. Sous l'action de notre Sainte, on vit disparaître des couvents les vices et les abus ; on vit les monastères se repeupler et reprendre leur première beauté et leur antique splendeur.

En effet, sainte Colette ne se fut pas plus tôt présentée devant le Pape pour exposer sa mission et faire approuver ses constitutions, que Benoît XIII, plein d'estime et de vénération pour cette sainte fille, qu'il regardait comme envoyée du ciel, la combla d'honneurs en présence du Sacré Collége, la revêtit lui-même de l'habit de Sainte-Claire et lui conféra le titre glorieux de Réformatrice générale des trois ordres de Saint-François, avec permission d'établir des couvents dans toute la France. Alors notre Sainte, forte de l'appui de Dieu et de l'autorité du Saint-Siége, se mit courageusement à l'œuvre.

Que ne puis-je, mes Frères, suivre avec vous pas à pas les progrès de la réforme de sainte Colette en France, nous serions témoins des résultats immenses qu'elle obtint partout, car sa marche à travers les provinces de Savoie, de Genève, de Bourgogne, du Bourbonnais, du Nivernais, du Languedoc, de la Flandre, de la Picardie... fut un véritable triomphe.

Que n'ai-je le temps de visiter avec vous les couvents qu'elle réforma ou fonda à Besançon, à Soligny, à Dôle, à Auxerre, à Hesdin, à Gand et à Amiens !... Notre admiration serait au comble en voyant ces traces glorieuses du passage de notre Sainte, et de l'empressement que les peuples montraient envers la réformatrice, car de tous côtés on se disputait l'honneur de la posséder ; de tous côtés on voulait avoir des religieuses de son ordre. Et pour cela, on allait, pour ainsi dire, au-devant de ses désirs, on ne reculait devant aucun sacrifice. Ainsi, dans la Savoie, la comtesse de Genève lui offrait son château pour établir un couvent ; à Besançon, les habitants, après avoir sollicité l'autorisation du Saint-Père, installaient en grande pompe notre Sainte dans le couvent des Urbanistes.

Dans la province de Vaud, la princesse d'Orange, à l'insu de sainte Colette, faisait bâtir une maison prête à recevoir les religieuses. Le roi de France lui-même, Charles VII, ne crut pas trop faire en fournissant les fonds nécessaires pour la fondation d'une maison de Clarisses du Puy, réclamant comme une faveur insigne d'avoir une part aux prières de notre Sainte, tant était grand le crédit que notre Patronne bien-aimée s'était acquis parmi les seigneurs.

Aussi sa réputation ne tarda pas à se répandre dans toute la France et les pays étrangers. C'est alors que l'on vit accourir autour de notre Sainte tout ce que le monde comptait de personnages les plus distingués pour former son cortége. Ainsi, la duchesse de Valentinois, la princesse Isabeau de Bourbon, le duc et la duchesse de Lorraine, le roi Jacques de Bourbon, le comte d'Armagnac et bien d'autres seigneurs quittèrent volontiers leurs palais pour venir passer quelques moments dans sa cellule et recevoir ses conseils. Et non contents de la visiter dans ses différents monastères, plusieurs sollicitèrent, comme une faveur insigne, d'être reçues au nombre de ses filles et de vivre sous son autorité, telles que la princesse de Bavière, et la princesse de Bourbon.

Bien plus, la gloire qui rejaillissait autour de sainte Colette était si grande, que le roi Jacques de Bourbon fit écrire dans son testament qu'il voulait être enterré aux pieds de la Sainte de Corbie, pour lui servir comme d'escabeau. La princesse Blanche de Savoie réclama aussi le même honneur, en quelque endroit que fût déposé le corps de notre Sainte. Ainsi, non contents de l'honorer pendant sa vie, les seigneurs et les grands se disputaient encore la gloire d'être auprès d'elle après sa mort. Ce fut par le même principe que deux siècles après, les reines d'Angleterre et de France, voulant montrer combien elles avaient en estime la Sainte de Corbie, vinrent dans le couvent d'Amiens, fondé par elle, et baisèrent, avec le plus profond respect, quelques-uns de ses ossements.

Mais ce n'étaient pas seulement les grands, les seigneurs de la terre qui rendaient hommage et gloire à sainte Colette. Il y avait, à l'époque où elle vivait, deux personnages d'une éminente sainteté, saint Vincent Ferrier, dont le nom retentissait dans toute l'Europe, et saint Jean Capistran, qui était chargé d'une mission extraordinaire de la part du Saint-Siége. Ces deux saints, attirés par la réputation de Colette, vinrent la voir et l'entendre. Ils furent tellement ravis de ce qu'elle leur dit, qu'à leur retour, ils allèrent porter à la connaissance du Souverain Pontife, qui tenait concile à Bâle, ensuite à Constance, les conseils et les révélations de la Sainte, touchant les maux présents de l'Eglise désolée par le schisme. En sorte qu'à la gloire de sa réformation, vint se joindre pour notre Sainte, celle d'avoir été la lumière de l'Eglise et d'avoir contribué à l'extinction du schisme.

Et c'est ainsi, mes Frères, que sainte Colette, qui n'avait désiré pendant sa vie que le mépris et l'abaissement, se vit tout à coup entourée de toutes les grandeurs, de toutes les gloires. Et c'est ainsi que sainte Colette, qui avait toujours cherché à se dérober aux regards des hommes par son humilité, se vit recherchée et accueillie par ce qu'il y avait de plus grand en puissance, en noblesse, en sainteté dans le monde.

Mais il eût manqué quelque chose à la gloire de sainte Colette ; son triomphe n'eût pas été complet, si tous ces honneurs que les grands et les saints lui décernèrent n'eussent été ratifiés d'en haut par quelque témoignage éclatant, et si Dieu lui-même n'eût en quelque sorte accordé une partie de sa puissance à sainte Colette. Or, mes Frères, jamais témoignage plus éclatant ne fut donné de la part du Tout-Puissant à une créature mortelle ; je n'en veux donner pour preuve que ce miracle que je choisis entre cent.

C'était en 1410, pendant que sainte Colette était au monastère de Besançon, un enfant mourut immédiatement après sa naissance, sans qu'on eût pu lui donner le baptême. On l'avait même inhumé. Alors les voisins disent au père et à la mère qui étaient inconsolables de cette perte : « Que ne portez-vous cet enfant au couvent des Clarisses ? L'abbesse est une sainte à qui Dieu ne peut rien refuser. On dit qu'elle a déjà fait de grands miracles ; ce qu'elle a fait une fois, ne peut-elle pas encore le faire, elle a tant de pouvoir auprès de Dieu ! — Mais il y a deux jours qu'il est enterré, répond le père. — Qu'importe, répondirent-ils, la Sainte fera encore ce miracle. »

Touché de ces reproches, ce pauvre père cède aux importunités de ses amis, sans cependant oser déterrer son enfant et le porter au couvent, s'imaginant que la résurrection d'un enfant inhumé depuis deux jours, était un prodige impossible. Dans cette persuasion, il vient trouver la Sainte et lui demande ingénûment s'il est encore temps de lui présenter son enfant, après deux jours de sépulture. La Sainte lui répond que oui, pourvu qu'il mette sa confiance en Dieu. Sur cette assurance, cet homme retourne en grande hâte exhumer le corps déjà tout humide et tout terne dans son cercueil, et le porte ainsi au monastère des Clarisses. Une foule immense entourait le pauvre père, et chacun se disait : Quoi ! un enfant mort en naissant, enterré depuis deux jours, que la Sainte va ressusciter! quel miracle que celui-là! Le père est introduit au parloir, et présente l'enfant à la grille. La Sainte le fait déposer sur la terre, se prosterne et adresse à Dieu sa prière. L'assistance en fait autant et garde le silence. La Sainte alors se lève, et tournée vers l'enfant, elle lui commande au nom de Jésus-Christ de revenir à la vie. Au même instant, le petit garçon ouvre les yeux et commence à donner signe de vie par les cris qu'il fait entendre. Puis s'adressant au père, sainte Colette recommande de le faire baptiser incessamment et d'en avoir soin, car, ajoute-t-elle, c'est un prédestiné.

Ce miracle se répandit au loin; il rendit plus célèbre que jamais le nom de la bienheureuse, et assura à l'œuvre de sa réforme un succès qui ne s'est jamais démenti, et dont nous pouvons, encore de nos jours, admirer les heureux fruits.

Sainte Colette était arrivée à un âge très-avancé et s'était retirée dans le monastère de Gand, qu'elle avait elle-même fondé, pour se préparer à son éternité. Ce fut là que Dieu mit le comble à sa gloire. Car, voulant récompenser encore d'une manière plus magnifique son humilité profonde, et les services qu'elle avait rendus à l'Eglise, il l'appela à lui, le 6 mars 1447, par une mort très-douce. Alors délivrée des liens du corps, cette âme si pure, s'élança dans le sein de Dieu pour recevoir la couronne de gloire immortelle.

Patronne de Corbie, ô vous qui êtes la protectrice de cette paroisse, du sein de la gloire où vous êtes assise, daignez en ce moment recevoir les hommages de vos enfants et exaucer leurs vœux. Vous avez été sur la terre l'ornement de la religion par vos vertus, la lumière de l'Eglise par vos conseils, le soutien des faibles par votre courage et la consolation des affligés par votre charité ; pourriez-vous maintenant nous fermer votre cœur? Oh non! vous êtes toujours notre mère, notre patronne, et nous sommes vos enfants ; à ce titre, nous avons droit à votre protection. Guidez-nous donc dans le pèlerinage de cette vie, afin que marchant sur vos traces dans le chemin de l'humilité, nous arrivions un jour, comme vous, à la gloire éternelle. Ainsi soit-il.

CHAPITRE III.

CANTIQUES EN L'HONNEUR DE SAINTE COLETTE.

PREMIER CANTIQUE.

Tandis qu'à te louer au pays de tes pères,
Et nos voix et nos cœurs conspirent en ce jour,
Colette, à l'Eternel présente les prières
    Qu'à ses pieds répand notre amour.

Pour toi le ciel rendit la vieillesse féconde;
Corbie avec transport entoura ton berceau,
Et prévit que bientôt ta vertu dans le monde
    Luirait comme un astre nouveau

Dans tes plus jeunes ans la charité t'anime.
Aux pauvres tu te plais à prodiguer tes biens;
Déjà ton chaste époux voit en toi sa victime,
    Jésus prépare tes liens.

Amante de la Croix, souffrir fait tes délices;
Pour toi Jésus est mort, pour lui tu veux mourir;
Et par mille tourments, par mille sacrifices
    A la mort je te vois courir.

Pleurant de la beauté le funeste avantage,
Tu fais entendre au Ciel les soupirs de ton cœur,
Tes vœux sont accomplis; je vois sur ton visage
    Une languissante pâleur.

Pour toi de ton Dieu seul la parole a des charmes;
Le monde parle en vain, tu sais t'en préserver;
Jamais tu n'y trouvas que des sujets de larmes,
    Et que des âmes à sauver.

Mais du céleste époux j'entends la voix jalouse;
Il t'appelle, il prétend seul posséder ton cœur;
Pour lui tu quittes tout; désormais son Epouse,
    L'aimer fera seul ton bonheur.

Après toi quel essaim de fidèles compagnes
Je vois briguer l'honneur d'épouses de Jésus!
Et sur ses pas courir aux célestes montagnes
    Se mêler aux chœurs des élus.

DEUXIÈME CANTIQUE.

Enfant chérie du ciel, fille de saints parents,
Colette pour Jésus renonce à l'hyménée;
Jésus, fidèle époux, des plus riches présents
Se complaît à parer cette âme fortunée.

Seul l'amour de son Dieu l'anime, la conduit;
Faut-il parler, agir? Il parle, agit en elle;
O disciples heureux ceux que son zèle instruit!
Heureux pays qui voit une vertu si belle!

Servante d'un Dieu pauvre, elle met son bonheur
A répandre ses biens au sein de l'indigence.
La mort de ses parents l'émeut, mais la douleur
Ne saurait triompher de sa noble constance.

Pleine de ton esprit, séraphique François,
Sur tes pas elle court à l'exemple de Claire :
Elle a sur tes enfants bientôt acquis des droits,
Pour eux elle devient une sœur, une mère.

De soulager ses sœurs en se crucifiant
Sa tendre charité l'avait rendue avide.
La terre était son lit ; les anges y veillant,
A l'Eternel portaient sa prière timide.

TROISIÈME CANTIQUE.

O source d'éternels regrets !
Colette, notre gloire, être sitôt ravie !
Sur des exemples si parfaits,
Qui mieux qu'elle jamais réglera notre vie ?

Tel, entre des buissons planté,
Le lis au loin répand l'odeur la plus aimable ;
Telle la noble chasteté
Aux yeux de son époux rend Colette agréable.

Gémissant loin de son époux,
Elle chante toujours sa grandeur infinie ;
A son cœur rien ne sera doux
Qu'à l'objet de ses vœux elle ne soit unie.

A l'aspect de son Dieu mourant,
Au touchant souvenir de la cène dernière,
De saintes douceurs s'enivrant,
Son âme au sein de Dieu s'abîme tout entière.

Qu'ainsi l'instant de notre mort
Nous trouve pleins de foi, d'amour et d'espérance.
Par Colette conduits au port,
Puissions-nous des élus avoir la récompense !

QUATRIÈME CANTIQUE.

Colette, que le ciel nous donna pour Patronne,
En ce jour est montée aux cieux.
Chantons et célébrons la gloire qui couronne
Cette fille de nos aïeux.

Elle ne voulut point des plaisirs du jeune âge
Goûter la frivole douceur.
Mais prenant, jeune encor, Dieu seul pour son partage,
Le prier fit tout son bonheur.

Brûlant de préserver sa timide innocence
Des flétrissantes voluptés,
Contre son chaste corps son humble vigilance
L'arma de saintes cruautés.

De la faible indigence Colette est la nourrice :
Tout malheureux est son enfant ;
De cet astre nouveau l'influence propice
Croit toujours en se répandant.

L'ordre que fonda Claire à ses yeux se présente :
　　Sa ferveur première n'est plus.
Elle prie et combat : et sa foi triomphante
　　Y fait refleurir les vertus.

Autour de tes autels, ô Patronne chérie,
　　Tu vois tes enfants accourir.
Dieu de ses traits vengeurs veut frapper ta patrie,
　　Hâte-toi de les retenir.

Ta patrie autrefois à ton cœur fut si chère,
　　L'oublierais-tu dans ton bonheur ?
Ah ! plutôt à jamais de ta main tutélaire
　　Prête-lui l'appui protecteur.

O Dieu, comme en Colette, allumez dans nos âmes
　　Le beau feu de la charité ;
Et puissions-nous toujours, brûlant des mêmes flammes,
　　Imiter sa fidélité !

CINQUIÈME CANTIQUE.

Près de ces murs Colette fut recluse :
Elle naquit du sang de nos aïeux :
O Vierge illustre, en tout temps ne refuse
De nous bénir et d'écouter nos vœux.

Nous connaissons l'âtre qui t'a vue naître ;
Tous tes sentiers sont foulés par nos pas.
Oh ! plus heureux celui qui sait connaître
De tes vertus les célestes appas !

CHAPITRE III.

Ici Colette unie aux chœurs des anges
Et de recluse affrontant les saints vœux,
Du Dieu du ciel entonnait les louanges,
Glorifiait ses arrière-neveux.

Qui pourrait dire, ô vierge incomparable,
Ce que Jésus par tes mains opéra !
De saint François la famille innombrable,
Par toi bénie à jamais fleurira.

Tes visions, tes sublimes oracles,
De tes vertus les prodiges si grands,
Tout nous ravit, et tes nombreux miracles,
Parmi les saints t'ont mise aux premiers rangs.

Cieux, ouvrez-vous : sainte Colette expire,
De ses vertus le prix est mérité !
Le Dieu Sauveur, dans le céleste empire,
L'orne de gloire et d'immortalité.

A sa rencontre, oh ! quel concours immense
Pour la conduire à son trône éternel !
Les bienheureux admirent en silence
Ce nouvel astre au séjour immortel.

Bientôt en foule augmenteront ta gloire
Tous les héros par tes vœux engendrés,
De ta réforme étonnante victoire,
Et d'âge en âge en cent lieux vénérés.

O vierge pure, ô Colette, ô ma mère !
Du haut des cieux contemple tes enfants ;
Du cœur brisé soulage la misère,
Et soutiens-nous dans nos derniers moments.

S. C.   *

SIXIÈME CANTIQUE.

REFRAIN.

Sainte Colette, puissante amie des cieux,
De vos enfants écoutez la prière,
Daignez sur nous, daignez jeter les yeux
Et bénissez vos enfants de la terre.

Sainte Colette, aux pieds de votre autel,
En vos bontés mon âme se confie.
Mon cœur vous jure un amour éternel ;
A vous bénir, je consacre ma vie.

Voici mon cœur, qu'il soit toujours à vous,
Il est à vous dès ma plus tendre enfance,
Mais en ce jour, il m'est encore plus doux
De vous l'offrir plein de reconnaissance.

Sainte Colette, gardez ce pauvre cœur,
Conservez-lui le lis de l'innocence ;
Que votre amour soit son amour vainqueur,
Que votre nom soit son nom d'espérance.

Sainte Colette, entendez mes soupirs,
Mon cœur s'agite et d'amour et d'alarme.
Je crains l'enfer, le monde et mes désirs,
Mais je vous aime, ah ! séchez donc mes larmes.

Ah ! donnez-moi votre puissant secours,
Contre satan donnez-moi la victoire ;
Je vous promets de vous aimer toujours,
Je suis à vous !.... à vous, amour et gloire.

Sainte Colette, vous avez mon serment,
Souvenez-vous toujours de ma prière ;
J'ai juré d'être à jamais votre enfant,
Montrez toujours que vous êtes ma mère.

Sainte Colette, puissante amie des cieux,
De vos enfants écoutez la prière,
Daignez sur nous, daignez jeter les yeux
Et bénissez vos enfants de la terre.

SEPTIÈME CANTIQUE.

Ton passage sur cette terre
Nous trace un lumineux sillon,
Et, comme une sainte prière,
Vieillards, enfants disent ton nom.

REFRAIN.

Sainte Patronne de Corbie,
Du haut des cieux,
Sur nous, sur ta patrie,
Daigne jeter les yeux.

Dans ces lieux pleins de ta présence,
On se souvient, avec transport,
Du miracle de ta naissance,
Et de la gloire de ta mort.
   Sainte Patronne de Corbie, etc.

QUATRIEME PARTIE.

Ardente et sublime interprète
Du Dieu que ton cœur aime et craint,
Vierge humble et sans tache, Colette,
Brûle des feux de l'Esprit-Saint !
     Sainte Patronne de Corbie, etc.

Un siècle oublieux et frivole
Laisse grandir l'impiété,
Mais ton éloquente parole
Terrasse l'incrédulité.
     Sainte Patronne de Corbie, etc.

Tu flétris l'erreur qui blasphème ;
Tu combats pour le Roi des rois ;
On t'écoute comme Dieu même,
Et ta seule arme est une Croix.
     Sainte Patronne de Corbie, etc.

L'enfant que demande une mère,
Et dont la fosse est le berceau,
Déjà dévoré par la terre,
A ta voix quitte le tombeau.
     Sainte Patronne de Corbie, etc.

Ah ! qui compterait les prodiges
De tes vertus et de ta foi !
L'enfer a perdu ses prestiges,
Tout l'enfer tremble devant toi.
     Sainte Patronne de Corbie, etc.

Pour un Dieu martyr, le vulgaire
Ne comprend pas tes maux soufferts :
Ta vie ici-bas fut amère,
Là haut les cieux te sont ouverts

Sainte Patronne de Corbie,
Du haut des cieux,
Sur nous, sur ta patrie,
Daigne jeter les yeux.[1]

(1) Ces Cantiques sont extraits de divers recueils.

CHAPITRE IV.

LITANIES DE SAINTE COLETTE.

Seigneur, ayez pitié de nous.
Jésus-Christ, ayez pitié de nous.
Seigneur, ayez pitié de nous.
Jésus-Christ, écoutez-nous.
Jésus-Christ, exaucez-nous.
Père céleste, vrai Dieu, ayez pitié de nous.
Dieu le Fils, rédempteur du monde, ayez pitié de nous.
Dieu le Saint-Esprit, ayez pitié de nous.
Sainte Marie, priez pour nous.
Père saint François, priez pour nous.
Sainte Claire,
Sainte Colette, imitatrice des vertus du Père séraphique saint François,
Sainte Colette, réformatrice de l'Ordre de Sainte-Claire,
Sainte Colette, vive image du zèle et de l'esprit de sainte Claire,
Sainte Colette, fort éclairée dans les secrets divins,
Sainte Colette, accordée de Dieu à des parents stériles,
Sainte Colette, dès votre enfance, enflammée du feu céleste,
Sainte Colette, honorée d'un anneau, par Jésus votre époux,
Sainte Colette, accoutumée aux entretiens célestes,
Sainte Colette, toujours luisante d'une pureté virginale,

Priez pour nous.

Sainte Colette, règle de pénitence approuvée de Dieu même, priez pour nous.
Sainte Colette, très-riche en pauvreté,
Sainte Colette, très-parfaite imitatrice des souffrances de Jésus-Christ,
Sainte Colette, amollissant avec douceur les cœurs endurcis,
Sainte Colette, gardant les bons, et les soutenant avec fermeté,
Sainte Colette, relevant avec vigueur ceux qui sont tombés,
Sainte Colette, singulière assistante de toutes celles qui sont dans les douleurs de l'enfantement,
Sainte Colette, guérison expérimentée aux infirmes,
Sainte Colette, consolation particulière aux agonisants,
Sainte Colette, jamais ne vous relâchant, ni vous éloignant des vertus de votre père saint François,
Sainte Colette, arrosant fructueusement les nouvelles plantes,
Sainte Colette, renouvelant à merveille la vigne du Seigneur,
Sainte Colette, olivier fertile dans la maison de Dieu,
Sainte Colette, sublime en perfections,
Sainte Colette, profonde en humilité,
Sainte Colette, rigide dans la mortification de vos sens,
Sainte Colette, aimable et douce dans le régime des autres,
Sainte Colette, méprisant merveilleusement les finesses et les forces du diable,
Sainte Colette, port assuré à ceux qui font naufrage,
Sainte Colette, ouvrant le ciel à ceux qui s'en étaient éloignés,
Sainte Colette, apprenant à mourir tout le temps de votre vie,
Sainte Colette, croissant en conformité avec votre Jésus,

Priez pour nous.

Sainte Colette, toute enflammée de l'amour de Jésus crucifié, priez pour nous.

Sainte Colette, au trépas de qui les morts sont ressuscités, priez pour nous.

Sainte Colette, placée sur un trône de gloire élevé au royaume du ciel, priez pour nous.

Obtenez-nous l'amour de Jésus, que vous avez si ardemment aimé, nous vous prions, écoutez-nous.

Par les mérites immenses de Jésus-Christ, destinés à notre salut,

Par les tourments amers de la passion de Jésus-Christ,

Par son sang précieux si abondamment répandu pour notre salut,

Par la vie admirable dans laquelle vous avez persévéré à l'honneur de Jésus,

Par le très-pur amour avec lequel vous avez été unie inséparablement à Dieu seul,

Par les faveurs singulières dont Jésus votre époux divin vous a comblée pour vos mérites,

Par l'ardente charité avec laquelle vous avez toujours pris à cœur le salut de tout le monde,

Que la sainte Église et tous ceux qui vous sont dévoués puissent obtenir par votre intercession une fin salutaire de leurs désirs,

Que toutes les communautés que vous avez prises en votre protection, puissent être sauvées,

Qu'il vous plaise de nous obtenir l'ardeur de votre amour dans les louanges de Dieu,

Que nous puissions être animés par votre exemple à chercher avec empressement le salut de notre prochain,

Que nous et vos imitateurs et imitatrices, puissions être trouvés joyeux et vaillants dans les jeûnes et austérités,

Que nous puissions être protégés dans les tentations et embûches du malin esprit, nous vous prions, écoutez-nous.

Que par votre intercession ordinaire, tous ceux qui font naufrage puissent parvenir à un port assuré, nous vous prions, écoutez-nous.

Que vous ranimiez l'esprit de foi dans le lieu de votre naissance, nous vous prions, écoutez-nous.

Que vous vous intéressiez aux besoins de votre peuple et de votre patrie, nous vous prions, écoutez-nous.

Que tous les fidèles trépassés (principalement tous ceux qui se sont dédiés à votre service) puissent ressentir votre secours, nous vous prions, écoutez-nous.

Qu'il vous plaise nous exaucer, nous qui sommes sous votre protection, et ceux qui vous invoquent, nous vous prions, écoutez-nous.

Agneau de Dieu, qui effacez les péchés du monde, pardonnez-nous, Seigneur.

Agneau de Dieu, qui effacez les péchés du monde, exaucez-nous, Seigneur.

Agneau de Dieu, qui effacez les péchés du monde, ayez pitié de nous.

Jésus-Christ, écoutez-nous.

Jésus-Christ, exaucez-nous.

Seigneur, ayez pitié de nous.

Jésus-Christ, ayez pitié de nous.

Seigneur, ayez pitié de nous.

℣. Sainte Colette, priez pour nous ;

℟. Afin que nous soyons dignes des promesses de Jésus-Christ.

ORAISON.

Dieu tout-puissant et éternel, qui, par votre miséricorde et libéralité, avez daigné réformer d'une manière ineffable l'état de perfection de l'Ordre des Frères et Sœurs de Saint-François et de Sainte-Claire, par votre servante la glorieuse mère Colette, accordez-nous bénignement que par ses mérites et son intercession, nous qui sommes affligés, puissions avoir ici-bas le cœur parfaitement consolé, et après cet exil, jouir de la béatitude éternelle. Par Jésus-Christ Notre-Seigneur. Ainsi soit-il.

FIN.

TABLE

Préface v

PREMIÈRE PARTIE. — VIE PRIVÉE.

I. Naissance de sainte Colette (1380) 9
II. Son éducation. — Ses vertus 14
III. Faveurs extraordinaires qu'elle obtient du ciel. . . 23
IV. Premières épreuves de sainte Colette 28
V. Sainte Colette étudie sa vocation (1398) 32
VI. Sainte Colette connaît sa vocation (1400) . . . 38
VII. Sainte Colette entre dans son ermitage (1402). . . 42
VIII. Sainte Colette dans son ermitage (1403) 49

DEUXIÈME PARTIE. — VIE PUBLIQUE.

I. Etat de l'Eglise à l'époque de la réforme 55
II. Sainte Colette est choisie pour la réforme (1405). . 60
III. Sainte Colette sort de son ermitage (1406). . . 65
IV. Sainte Colette va trouver le Pape à Nice (1406) . . 69
V. Sainte Colette est instituée Réformatrice (1407) . . 72
VI. Commencement de la réforme (1407) 78
VII. Progrès de la réforme. 85
VIII. Sainte Colette contribue à l'extinction des Schismes.
(1417-1439) 90

TROISIÈME PARTIE. — VIE MERVEILLEUSE.

I. Sainte Colette reçoit des faveurs extraordinaires	100
II. Don de prophétie, (suite)	108
III. Don de miracles	114
IV. Sainte Colette ressuscite plusieurs morts	121
V. Sainte Colette protégée visiblement du Ciel	130
VI. Les vertus de sainte Colette. — Obéissance. — Pureté. — Pauvreté	144
VII. Les vertus de sainte Colette. — Humilité. — Pénitence. — Religion	150
VIII. Mort de sainte Colette (1447)	160

QUATRIÈME PARTIE. — APPENDICE A LA VIE DE SAINTE COLETTE.

I. Canonisation de sainte Colette.	167
II. Panégyrique de sainte Colette	187
III. Cantiques en l'honneur de sainte Colette	216
IV. Litanies de sainte Colette.	226

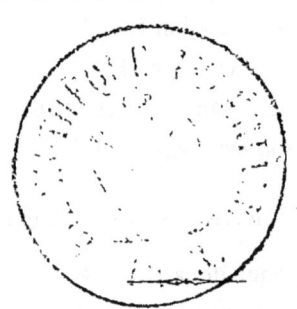

Tournai, typ. H. Casterman.

OUVRAGES DU MÊME AUTEUR :

Bourdon et ses anciens seigneurs, vicomtes de Domart. Gr. in-8°.

Vie de Saint Adrien. Gr. in-8°.

Discours prononcé à Notre-Dame de Boulogne. In-8°.

Panégyrique de Jésus-Christ. In-8°.

— de la Sainte Vierge. In-8°.

— de Saint Pierre. In-12.

— de Saint Jean-Baptiste. In-12.

— de Saint Firmin, 1er Evêque d'Amiens. In-8°.

— de Saint Martin, Evêque de Tours. In-8°.

— de Saint Eloi, Evêque de Noyon. In-12.

— de Saint Roch. In-8°.

— de Sainte Colette, Patronne de Corbie. In-8°.

— de Sainte Julitte et de Saint Cyr. In-8°.

POUR PARAITRE PROCHAINEMENT :

Le Trésor spirituel du Chrétien.

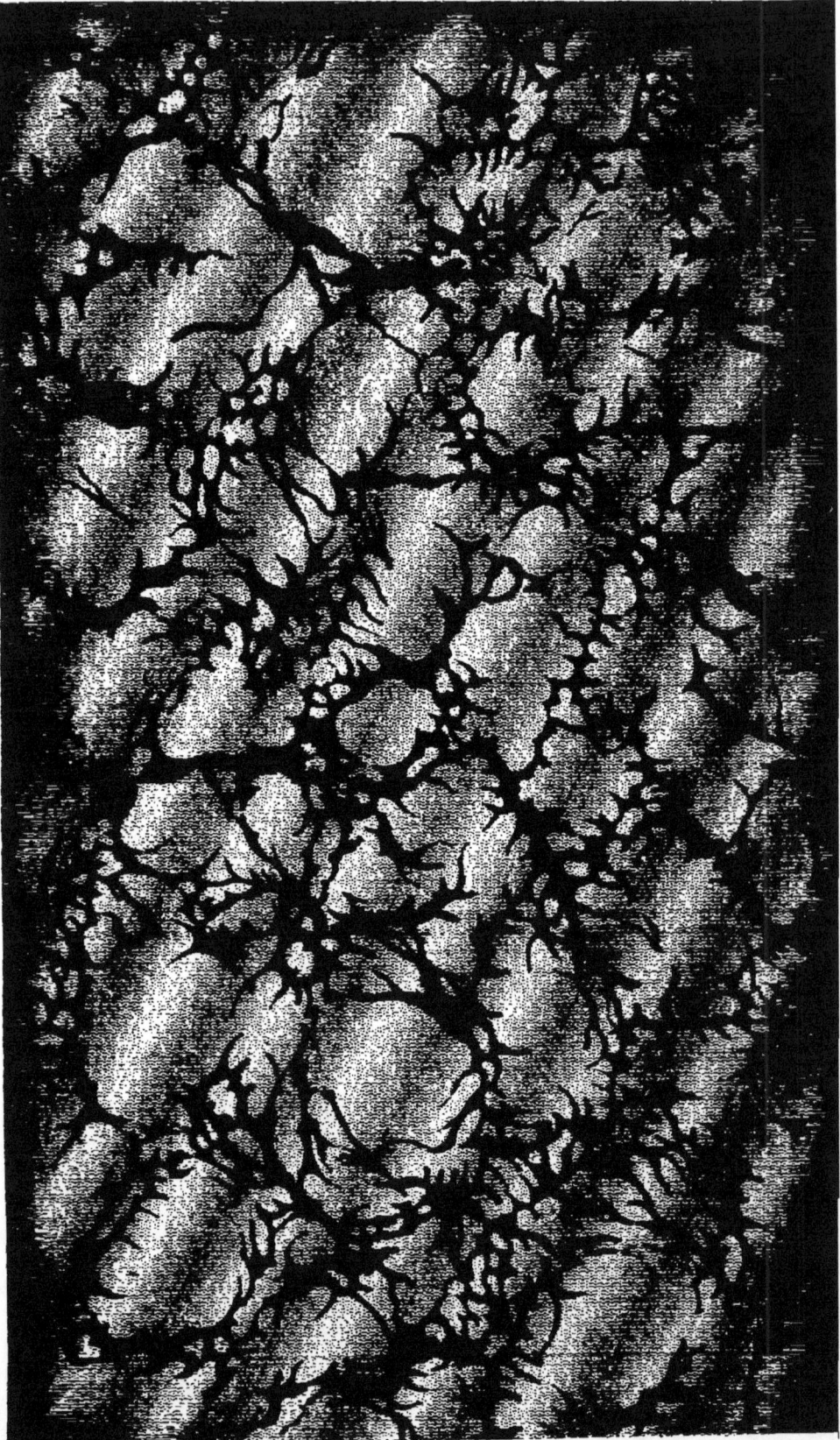

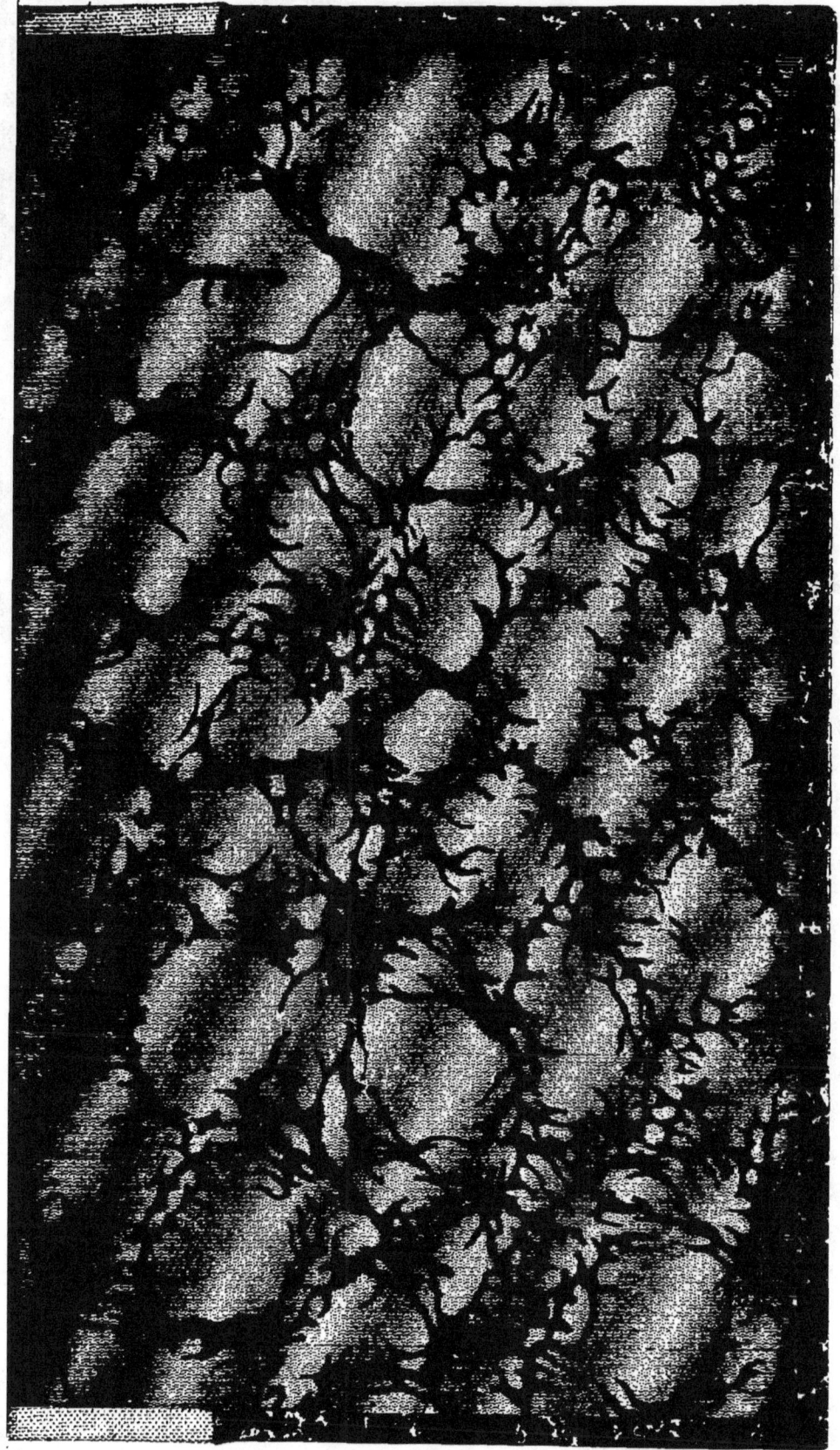

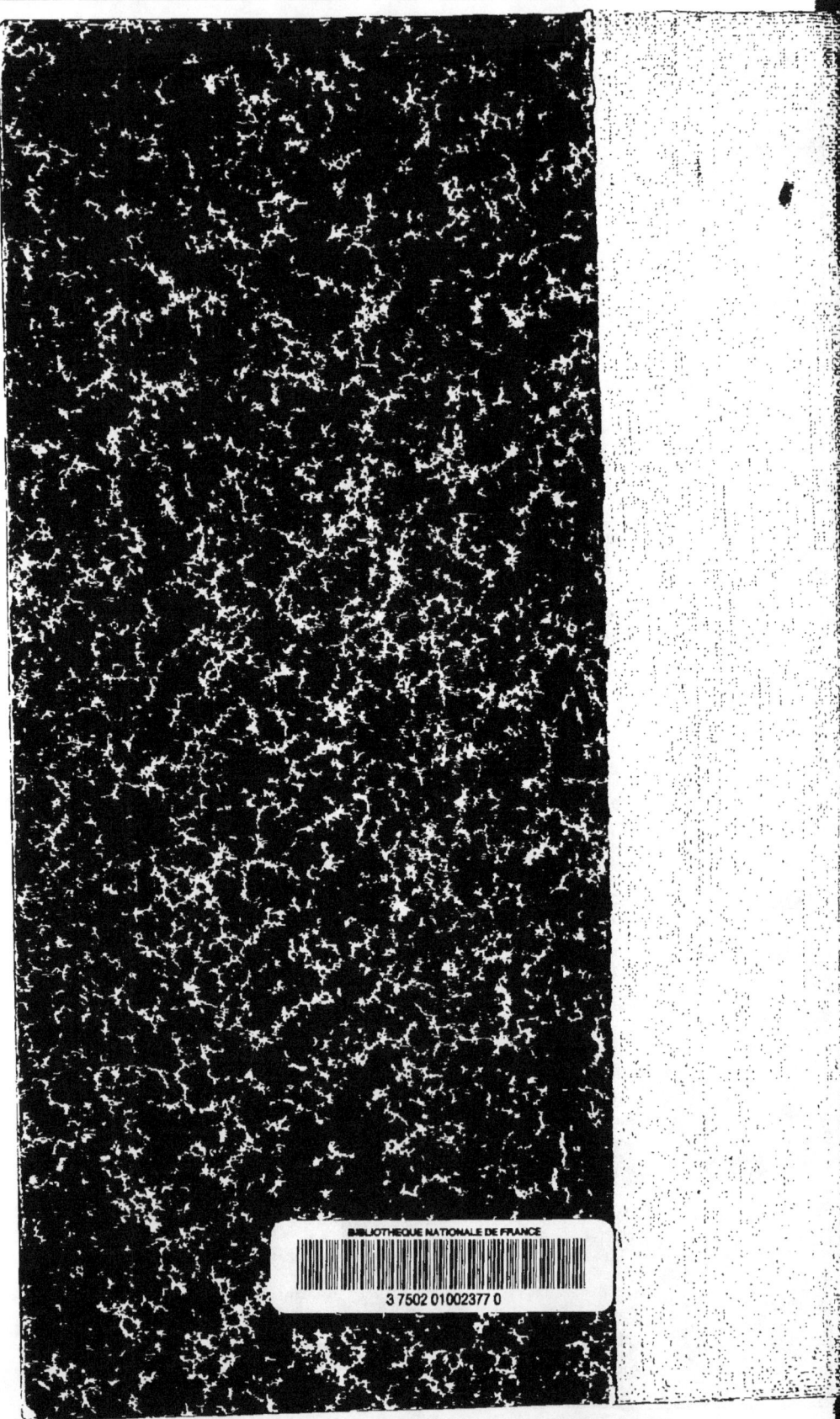